しっかり学べる
アメリカ手話（ASL）

土谷道子 著
Michiko Tsuchiya

American Sign Language

福村出版

[JCOPY]〈出版者著作権管理機構　委託出版物〉

本書の無断複写は著作権法上での例外を除き禁じられています．複写される場合は，そのつど事前に，出版者著作権管理機構（電話 03-5244-5088, FAX 03-5244-5089, e-mail: info@jcopy.or.jp）の許諾を得てください．

まえがき

　日本ではアメリカの大学への留学をめざすろう者も多く，アメリカ手話に関心を寄せる人も少なくありません。一方，手話に関して誤解されていることがあります。まず，アメリカ手話は英語の語順どおりに表現するという誤解です。アメリカ手話には音声言語である英語とは異なる視覚言語としての特性があります。また手話が世界共通というふうに誤解されていますが，実際は，国によって音声言語が異なるように手話も異なります。イギリス手話とアメリカ手話でさえ同じではありません。

　私が初めてアメリカ手話に出会ったのは，1960年代後半，ギャローデット大学に留学したときでした。発音・読話を重視した口話法一辺倒のろう教育を受けてきた私は，アメリカ人のろう者の手話に圧倒され，手話を覚え，手話でコミュニケーションをとることでろう者としての誇りを自覚するようになりました。まさに「手話は神に与えられたもっとも尊い贈り物である」（ジョージ・W・ヴィディッツ）とのことばどおりです。

1970年代後半から，帰国した私のもとにアメリカ手話を学びたい人が集まるようになり，指導をしてきました。1988年には私を含めてアメリカ留学経験をもつ有志によって日本ASL協会を発足し，アメリカ手話の講座をスタートさせました。しかし，日本版の適切な教材がなく，英語版の教材をアメリカから取り寄せて使用したり，手作りの教材で指導を続けていました。日本人の学習者に適した日本語版教材をぜひ出版したい。それが長い間の念願でした。数年前から執筆にとりかかったのですが，そのうち日米文化，英語と日本語，日米手話における言語文化的な違いという壁に突き当たってしまい，編集担当と確認しつつその壁を取り払ってきました。

　本書では，20の日常生活場面における簡単な会話とともに，関連した単語も応用できるように載せました。また，どのページから開いても手話の表現がわかるようすべてのイラストに説明を入れました。読者の方には，欄外の解説やコラムで，ろう文化を理解していただければと思います。本書がアメリカ手話を学び，アメリカのろう文化を理解したい方に活用していただければ望外の喜びです。

最後に，この本の出版に力添えをいただいた福村出版株式会社取締役宮下基幸様，懇切に根気よく接してくださった同社編集部の石井早苗様，さわやかなタッチでイラストを描いてくださった那須善子さんに心から厚くお礼申し上げます。また励ましてくれた家族，アメリカの友人に深謝します。

　　2009年6月

　　　　　　　　　　　　　　　　　　　　　　　土谷　道子

もくじ

まえがき ……………………………………………………… 3
本書の使い方 ………………………………………………… 8

1. お名前は何ですか ……………………………………… 11
   column 1　アメリカ手話を学ぶ前に知ってほしいこと … 18
2. あなたは学生ですか …………………………………… 19
3. お元気ですか …………………………………………… 27
   column 2　豊かな表情と身振りがポイント ……………… 32
4. あの人はだれですか …………………………………… 33
5. きょうだいは何人ですか ……………………………… 39
   column 3　1人に1つネームサイン ……………………… 48
6. 本屋さんはどこにありますか ………………………… 49
7. 手話のクラスをとっていますか ……………………… 57
   column 4　指文字に早く慣れよう ………………………… 64
8. お仕事は何ですか ……………………………………… 65
9. 何時ですか ……………………………………………… 71
   column 5　アメリカ手話がたどってきた歴史とは ……… 78
10. これはおいしいですね ………………………………… 79
11. どんな飲み物がいいですか …………………………… 85

12. 泳ぎに行きます	91
column 6　ろう者をさす英語	98
13. 窓を開けてください	99
14. 本をお見せしましょう	105
15. あの人を知っていますか	111
column 7　情報交換がろう者にとってたいせつ	118
16. いつにしますか	119
17. 手伝いましょうか	125
18. 運動していますか	131
19. 体のどこが悪いんですか	137
20. 海外旅行に行ったことがありますか	143
column 8　ろう者の言語としてのアメリカ手話	151
column 9　想像力を伸ばす手話ゲーム	152
推薦のことば／大森節子（NPO法人日本ASL協会会長）	153
アメリカ手話に関する情報	156
指文字	158
索引	159

本書の使い方

各章の内容は，英文と日本語訳で紹介します。

関連する「使えるアメリカ手話」の単語が章末に載っています。

イラストの手話単語の表現を説明しています。

1
お名前は何ですか

A₁ Hello. My name is Bob Lee. What is your name ?
こんにちは。私はボブ・リーです。あなたのお名前は何ですか？

B₁ My name is Miki Eto. It's nice to meet you.
江藤ミキといいます。どうぞよろしく。

A₂ It's nice to meet you, too.
こちらこそどうぞよろしく。

---

1 お名前は何ですか 17

使えるアメリカ手話

HE／SHE／IT／HIM／HER
彼／彼女／それ

彼／彼女がいる、または対象物がある時はその方向を、不在の時はななめ横をひとさし指で指さします。

＊2人以上の場合は、それぞれの位置を指さしながら左右に動かします。

WE／US
私たち

手前右側から左側に半円を描くようにひとさし指を動かします。

YOU
あなたたち

前方につき出したひとさし指を左から右へ動かします。

THEY／THEM
彼ら／それら

彼らがいる、または対象物がある時はその方向を、不在の時はななめ横をひとさし指で指さして、水平に動かします。

本書の使い方

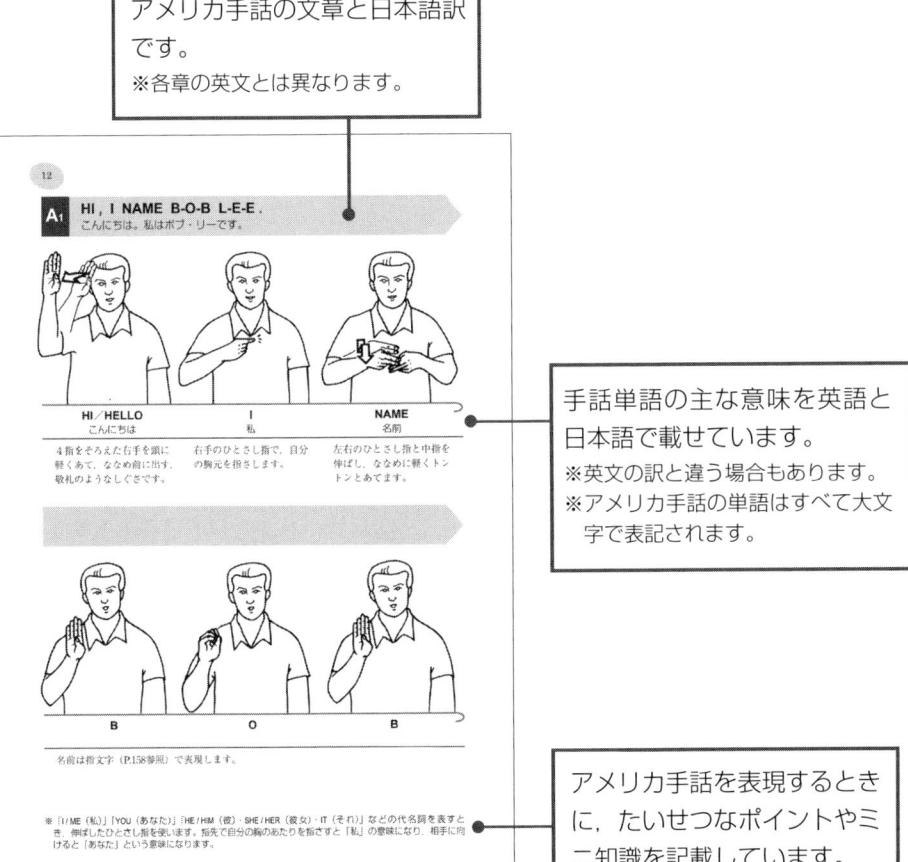

※イラストと欄外の解説はともに，右手が利き手であることを前提にしています。
※左利きの人は，使用する手および左右の動きを逆にしてください。

1
お名前は何ですか

A₁ **Hello. My name is Bob Lee.**
こんにちは。私はボブ・リーです。
What is your name?
あなたのお名前は何ですか?

B₁ **My name is Miki Eto. It's nice to meet you.**
江藤ミキといいます。どうぞよろしく。

A₂ **It's nice to meet you, too.**
こちらこそどうぞよろしく。

A₁ HI, I NAME B-O-B L-E-E.
こんにちは。私はボブ・リーです。

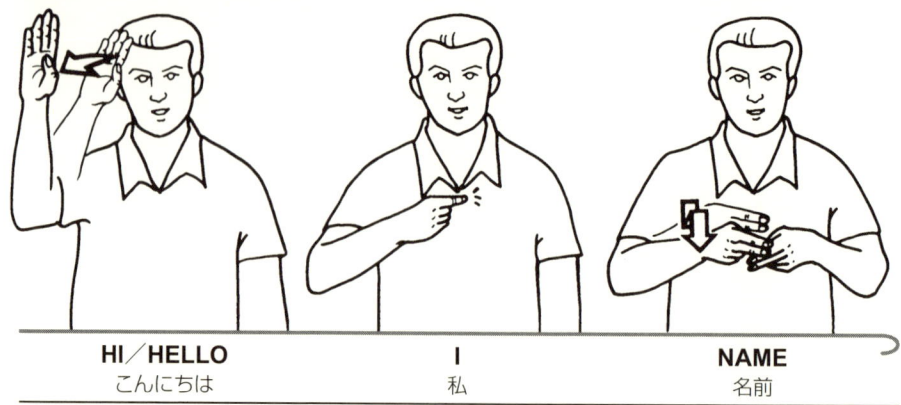

HI／HELLO	I	NAME
こんにちは	私	名前
4指をそろえた右手を頭に軽くあて、ななめ前に出す、敬礼のようなしぐさです。	右手のひとさし指で、自分の胸元を指さします。	左右のひとさし指と中指を伸ばし、ななめに軽くトントンとあてます。

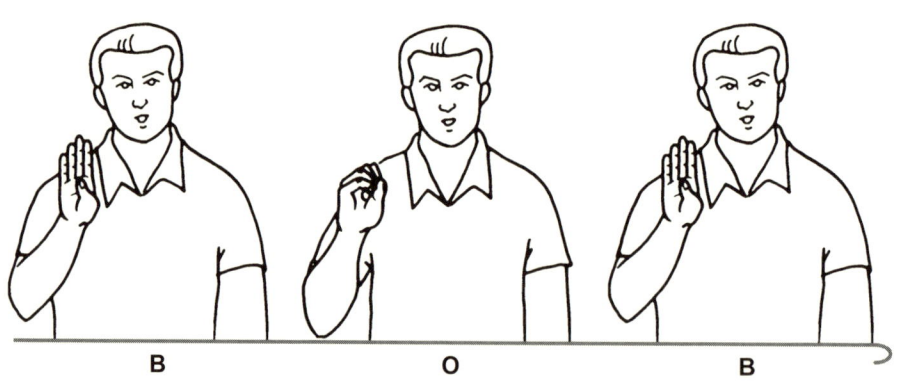

名前は指文字（P.158参照）で表現します。

※「I／ME（私）」「YOU（あなた）」「HE／HIM（彼）・SHE／HER（彼女）・IT（それ）」などの代名詞を表すとき、伸ばしたひとさし指を使います。指先で自分の胸のあたりを指さすと「私」の意味になり、相手に向けると「あなた」という意味になります。

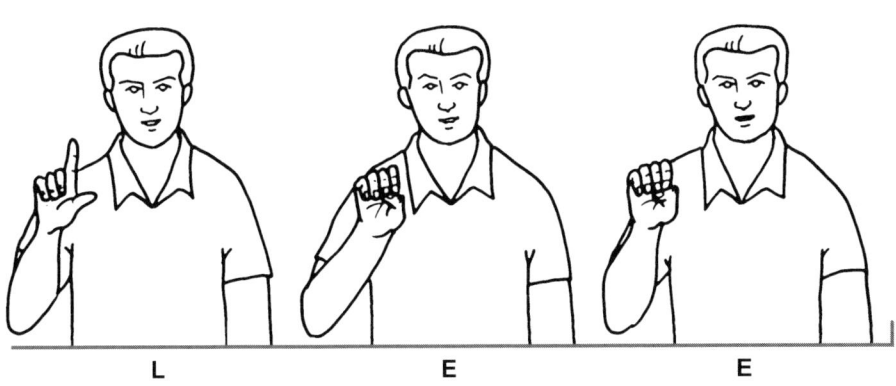

L	E	E

名前は指文字で表現します。「LEE」の「E」「E」のように同じ指文字が続く場合は、見やすいように位置をずらして表現します。

YOU NAME WHAT？
あなたのお名前は何ですか？

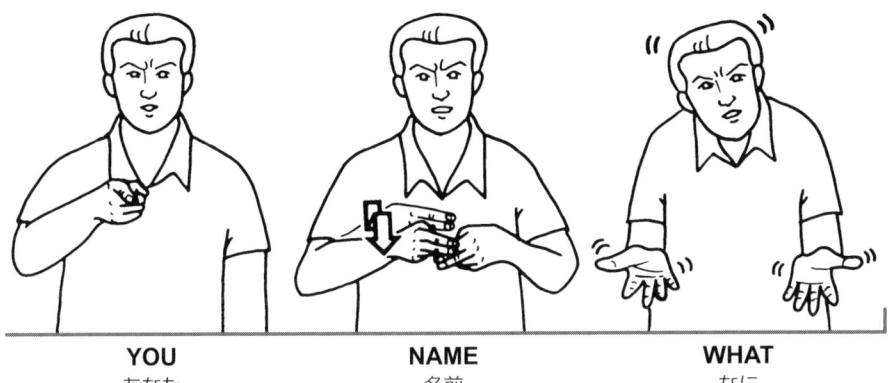

YOU	NAME	WHAT
あなた	名前	なに
右手のひとさし指で、相手を指さします。	左右のひとさし指と中指を伸ばし、ななめに軽くトントンとあてます。	両手のひらを上に向け、左右に軽くゆすります。

※「WHAT（何）」「WHO（誰）」などの疑問詞を使った疑問文では、初めから終わりまで眉を八の字によせ、目を細めてななめ前方に首を傾けます。

B₁ I NAME M-I-K-I E-T-O.
江藤ミキといいます。

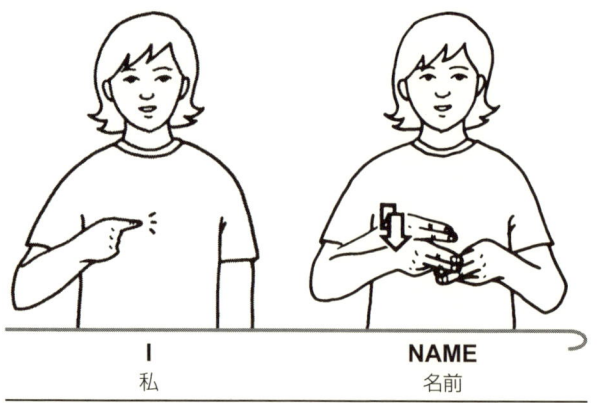

I	NAME
私	名前

右手のひとさし指で、自分の胸元を指さします。

左右のひとさし指と中指を伸ばし、ななめに軽くトントンとあてます。

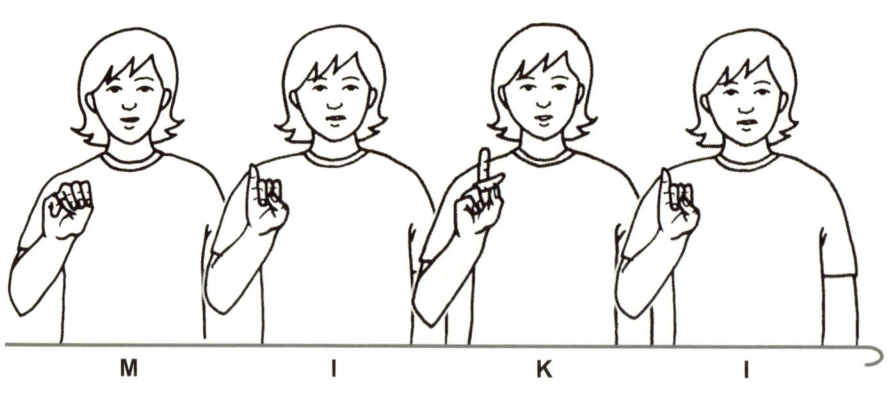

M　　　I　　　K　　　I

名前は指文字で表現します。

※初対面で自己紹介するとき、アルファベット指文字で自分の名前をフルネームでつづりましょう。日本人の名前はヘボン式ローマ字でつづりますが、アメリカ人のように名前・姓の順で表さなくてもかまいません。

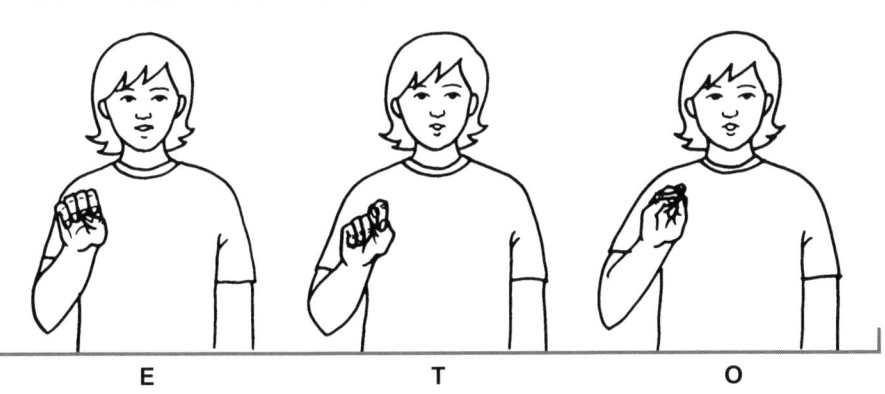

名前は指文字で表現します。

NICE MEET YOU．
どうぞよろしく。

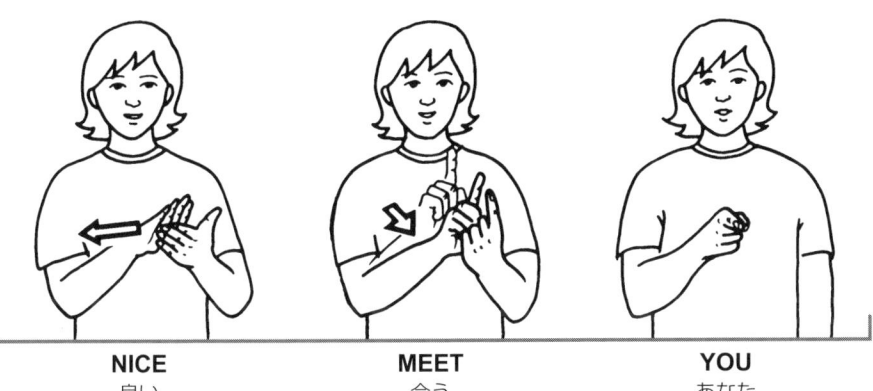

NICE	MEET	YOU
良い	会う	あなた
左手のひらを右手のひらでなでます。	両手のひとさし指を向かい合わせ，右手を近づけます。	右手のひとさし指で，相手を指さします。

A₂　SAME．
こちらこそどうぞよろしく。

SAME／TOO
同じ

手のひらを下に向け，親指と小指を伸ばした右手を，左右に振ります。

HE／SHE／IT／HIM／HER
彼／彼女／それ

彼／彼女がいる，または対象物がある時はその方向を，不在の時はななめ横をひとさし指で指さします。

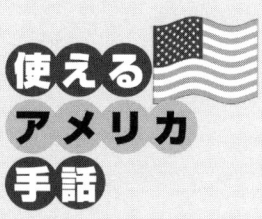

※2人以上の場合は，それぞれの位置を指さしながら左右に動かします。

WE／US
私たち

手前右側から左側に半円を描くようにひとさし指を動かします。

YOU
あなたたち

前方につき出したひとさし指を左から右へ動かします。

THEY／THEM
彼ら／それら

彼らがいる，または対象物がある時はその方向を，不在の時はななめ横をひとさし指で指さして，水平に動かします。

column 1　アメリカ手話を学ぶ前に知ってほしいこと

　アメリカ手話は英語で「American Sign Language」といい、「ASL」がその略語です。手話言語学研究が1960年代に始まった頃、アメリカ手話を記録するために、1つ1つの単語の動きを細かく分析して、それぞれの動きを意味する記号が作られました。そのため、1つの単語を書記で表すのに複数の記号が必要となり、またすべての記号を覚えることは容易ではありません。

　現在、アメリカ手話の学習に使われる教材では、ビデオの活用を重視する教材もありますが、便宜的にアメリカ手話の単語を英語の大文字で表記したテキストがほとんどです。しかし、アメリカ手話の訳として適切な語が英語にあるとは限らないと知っておく必要があります。

　手話を適切に表すために、まず利き手を決めておきます。アメリカ手話には、以下のように主に片手で表すもの、両手を使うものがあります。

・片手で表す手話には「I（私）」「YOU（あなた）」「SEE（見る）」「GOOD（良い）」などがあります。
・両手を同じ方向で同時に使う手話には、「TEACH（教える）」「LIVE／LIFE（住む／人生／命）」などがあります。
　また、両手を同じ方向で交互に使う手話には、「WALK（歩く）」「WHICH（どちら）」などがあります。
・「NAME（名前）」「LEARN（学ぶ）」「COLLEGE（大学）」などは両手の動きや位置が同じではない手話です。この場合、利き手ではない手を動かさずに表します。

　アメリカ手話には、世代、性別、学歴、地域などによってバリエーションがあります。世代の違いでは、たとえば両手で表された「CAT（猫）」「ENJOY（楽しむ）」は現在、片手だけとなっています。

　アメリカ手話は視覚言語なので、ろう者と話すとき、向き合って相手の顔のあたりに視線をあてます。手元にだけ意識を向けるのではなく、表情も含めて読み取ることがたいせつです。

2
あなたは学生ですか

A₁ Are you a student?
あなたは学生ですか？

B₁ Yes, I am a student. Are you a student, too?
はい、学生です。あなたは？

A₂ No, I am not. Are you Deaf *?
いいえ、学生ではありません。あなたはろうですか？

B₂ Yes, I am Deaf. Are you hearing?
はい、ろうです。あなたは聞こえますか？

A₃ Yes, I am hearing.
はい、聞こえます。

* p.98 を参照。

A₁ YOU STUDENT YOU？
あなたは学生ですか？

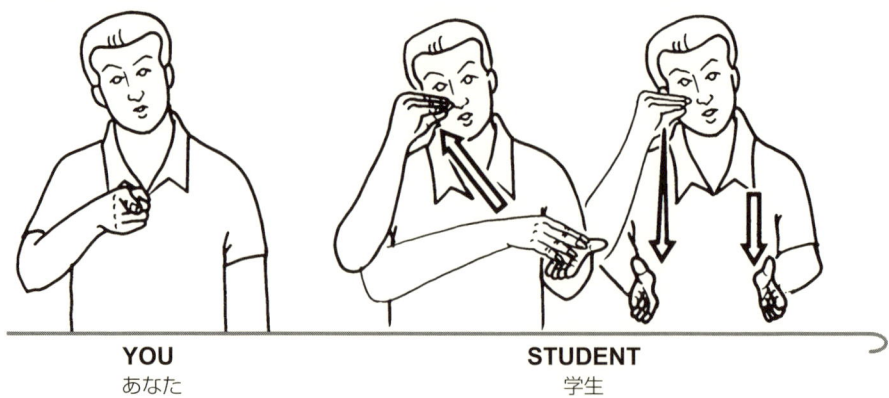

YOU
あなた

STUDENT
学生

右手のひとさし指で相手を指さします。

左手のひらに右手の指先をあてます。左手をそのままに，右手の指先をすぼめながら顔の前まで移動します。両手の指を伸ばし，肩幅の広さで下におろします。

YOU
あなた

右手のひとさし指で相手を指さします。

※ YES／NO 疑問文では，目を見開いたまま，頭をやや前の方へ出して聞くしぐさをします。文の終わりに手話の動きを止めます。
※ろう者に呼びかけるとき，正面で手を振ったり，肩を軽くたたいたりして，注意を引きます。

2 あなたは学生ですか

B₁ YES．
はい。

YES
はい

右手でこぶしをつくり，手首から先を，うなずくように2回，前に振ります。

I STUDENT I．YOU ?
学生です。あなたは？

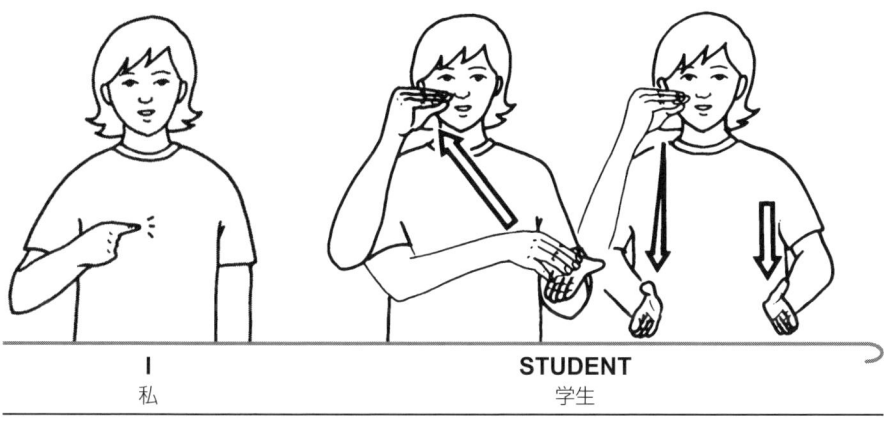

I	STUDENT
私	学生

右手のひとさし指で，自分の胸元を指さします。

左手のひらに右手の指先をあてます。左手をそのままに，右手の指先をすぼめながら顔の前まで移動します。両手の指を伸ばし，肩幅の広さで下におろします。

※「YES」と返事するとき，初めから終わりまでうなずくように首を上下に振りながら質問されたことを繰り返します。

I	YOU
私	あなた

右手のひとさし指で，自分の胸元を指さします。　　　右手のひとさし指で，相手を指さします。

A2　NO, I NOT STUDENT I.
いいえ，学生ではありません。

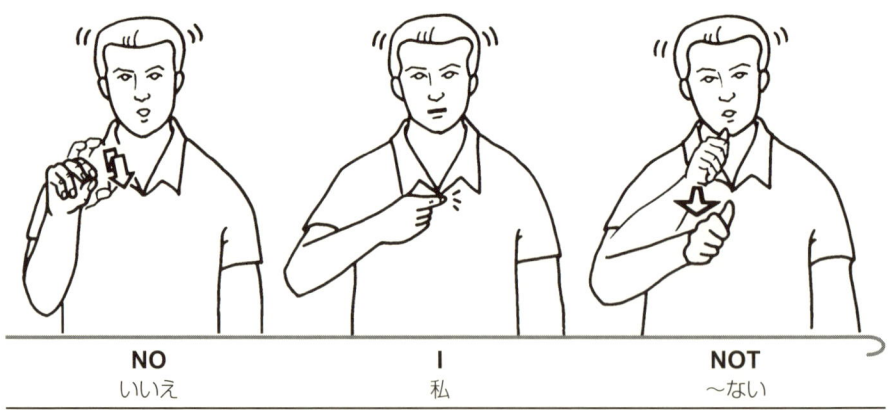

NO	I	NOT
いいえ	私	～ない

右手の親指，ひとさし指，中指を伸ばし，指先を2回閉じ合わせます。　　　右手のひとさし指で，自分の胸元を指さします。　　　右手の親指を立て，軽くあごにあて，前に出します。

※「NO」と答える場合は，初めから終わりまで首を左右に振りながら質問されたことを繰り返して否定します。

2　あなたは学生ですか

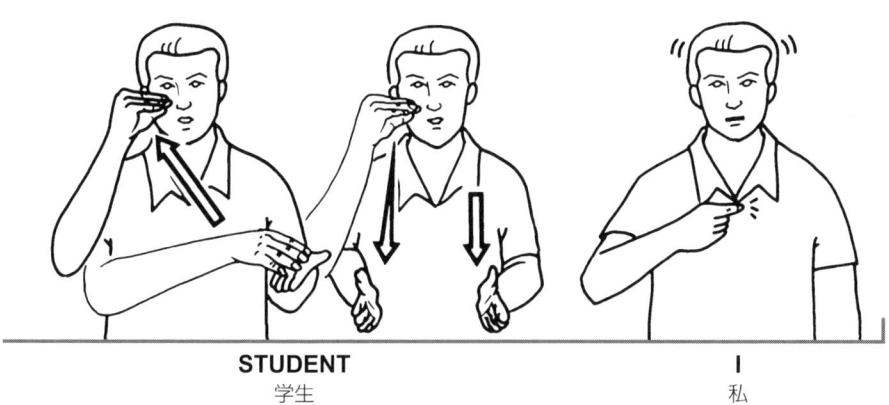

STUDENT
学生

左手のひらに右手の指先をあてます。左手をそのままに，右手の指先をすぼめながら顔の前まで移動します。両手の指を伸ばし，肩幅の広さで下におろします。

I
私

右手のひとさし指で，自分の胸元を指さします。

YOU DEAF YOU ?
あなたはろうですか？

YOU
あなた

右手のひとさし指で，相手を指さします。

DEAF
ろう

ひとさし指を伸ばし指文字のDをつくって，耳と口に順に触れます。

YOU
あなた

右手のひとさし指で相手を指さします。

※否定文は，「NOT」の手話を使い，初めから終わりまで首を左右に振ります。この場合，必ず眉をよせて否定する表情をします。
※「NOT」の手話を使わないで，初めから終わりまで首を振りながら表すと否定の意味になります。

B2 YES, DEAF I.
はい，ろうです。

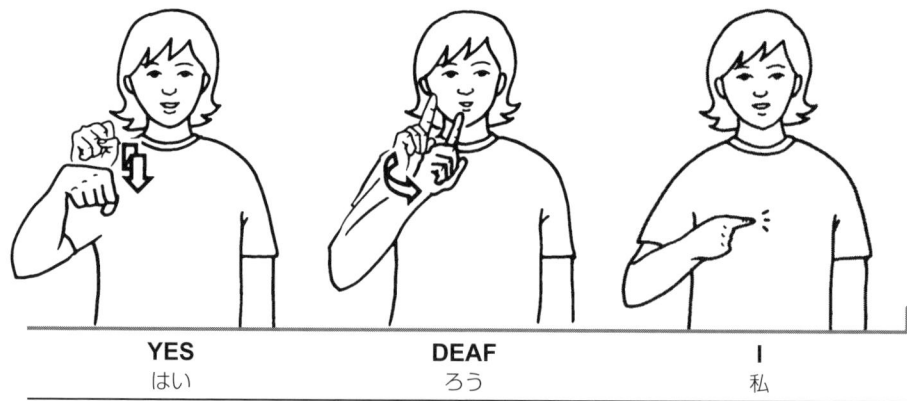

YES	DEAF	I
はい	ろう	私
右手でこぶしをつくり，手首から先を，うなずくように2回，前に振ります。	ひとさし指を伸ばし指文字のDをつくって，耳と口に順に触れます。	右手のひとさし指で，自分の胸元を指さします。

HEARING YOU？
あなたは聞こえますか？

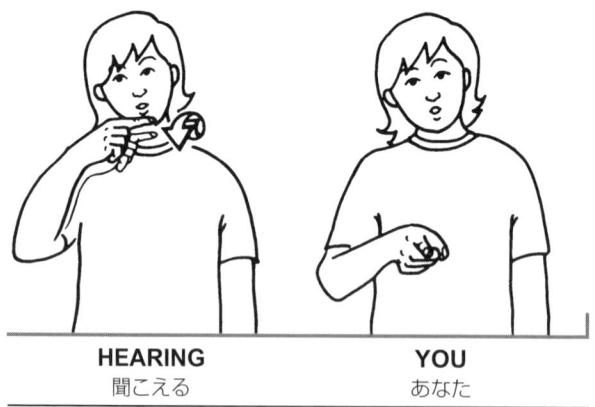

HEARING	YOU
聞こえる	あなた
ひとさし指を伸ばした右手を，口元で上から下に回します。	右手のひとさし指で，相手を指さします

※初めてろう者と会った人がアメリカ手話で話すとろう者かどうか聞かれることがよくあります。ろう者にとっては手話に関係のあることが大切な情報になるので，どこでどうしてアメリカ手話を覚えたか，いろいろと聞かれる場合もあります。

A3　YES , I HEARING .
はい，聞こえます。

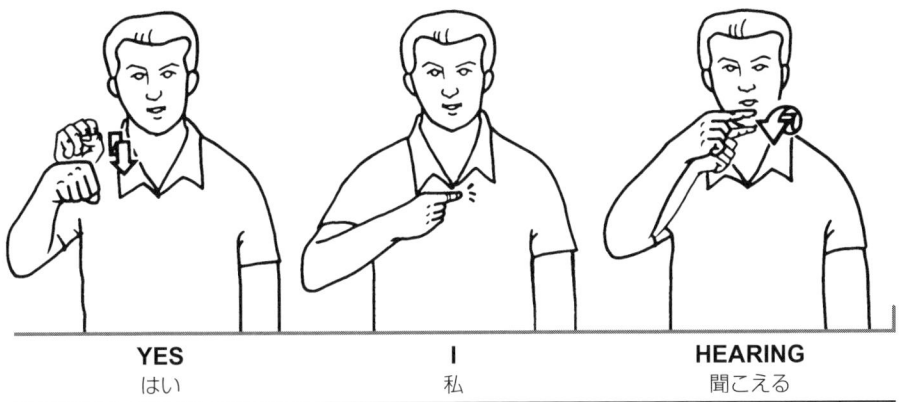

YES	I	HEARING
はい	私	聞こえる

右手でこぶしをつくり，手首から先を，うなずくように2回，前に振ります。

右手のひとさし指で，自分の胸元を指さします。

ひとさし指を伸ばした右手を，口元で上から下に回します。

※「I（私）」「YOU（あなた）」などの主語は文の最初と最後につけたり，文の最初だけ，または文の最後にだけつける場合がありますが，意味は変わりません。

使えるアメリカ手話

TEACHER
先生／教師

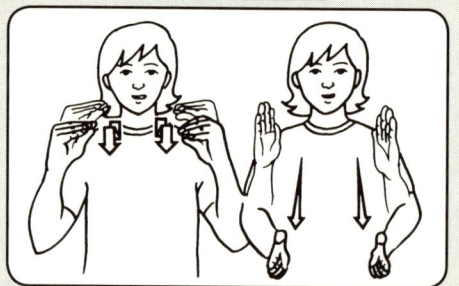

親指と4指をそろえた両手を相手に向け，2回，前に振ります。両手の指を伸ばし，肩幅の広さで下におろします。

SAD
悲しい

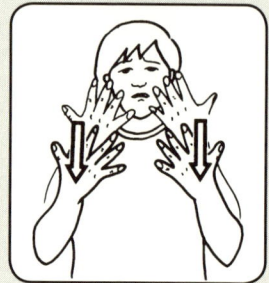

両手の指を開き，顔の前から下におろします。悲しげな表情で。

HAPPY
幸せ／うれしい

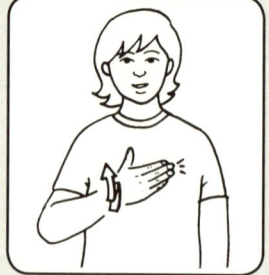

指を伸ばした右手を胸元にあてます。2回ほど上下に軽くたたきます。

MAD／ANGRY
怒る

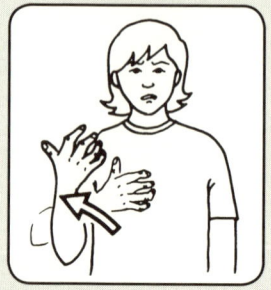

指先を曲げた右手を，胸の前からななめ上に動かします。怒りの表情で。

3
お元気ですか

A₁ Good morning. How are you?
おはようございます。お元気ですか?

B₁ So-so. How about you?
まあまあですね。あなたはどうですか?

A₂ I'm fine. Take care.
元気です。お大事に。

B₂ Thank you. See you later.
ありがとうございます。では,また。

A1 GOOD-MORNING．
おはようございます。

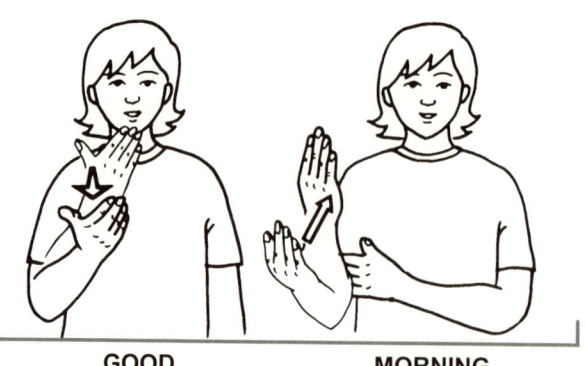

GOOD
良い

MORNING
朝

口元にあてた手を前方に出します。

右腕のひじの内側に左手をあてます。右腕をひじから内側に曲げます。

HOW YOU？
お元気ですか？

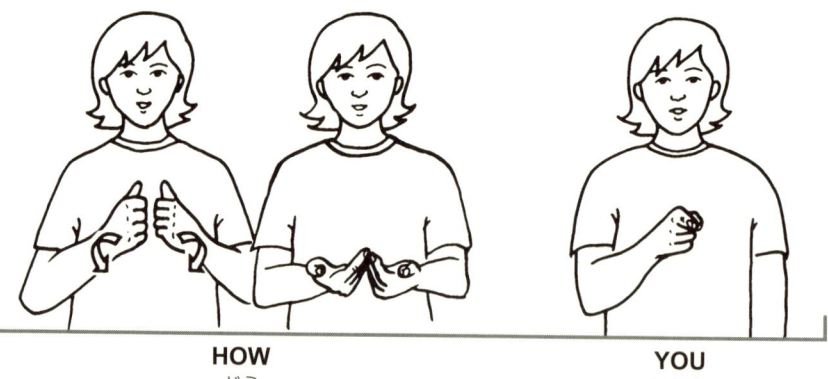

HOW
どう

YOU
あなた

親指を立てて握った両手を向かい合わせます。前方に倒しながら，開きます。

右手の人さし指で，相手を指さします。

3 お元気ですか

I SO-SO．YOU？
まあまあですね。あなたはどうですか？

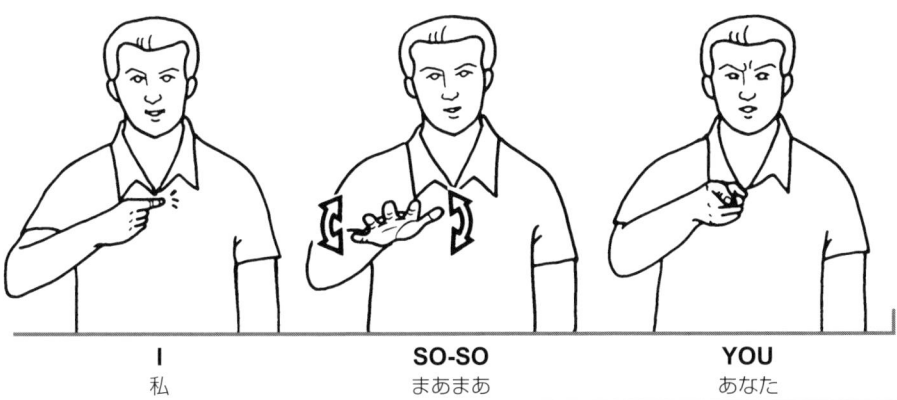

I	SO-SO	YOU
私	まあまあ	あなた
右手のひとさし指で，自分の胸元を指さします。	甲を上に向け，指を開いた右手を，ひらひらと左右に動かします。	右手のひとさし指で，相手を指さします。

I FINE．TAKE-CARE．
元気です。お大事に。

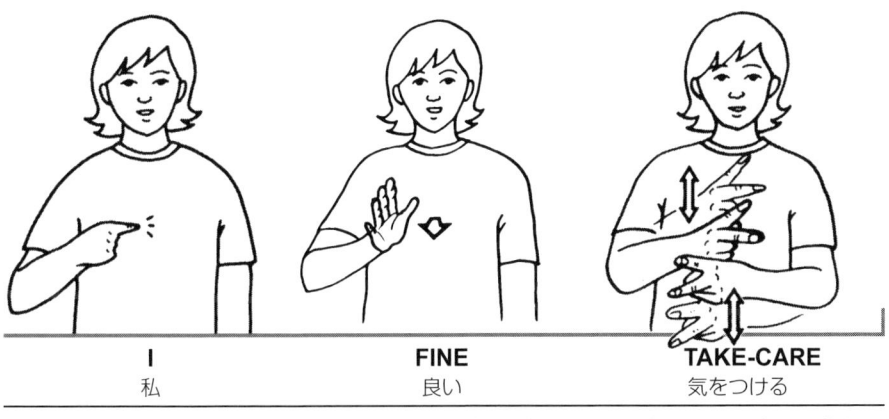

I	FINE	TAKE-CARE
私	良い	気をつける
右手のひとさし指で，自分の胸元を指さします。	指を伸ばした右手の親指を胸にあて，前方に少し出します。	両手のひとさし指と中指を伸ばし，何回か合わせます。

B₂ THANK-YOU. SEE LATER.
ありがとうございます。では，また。

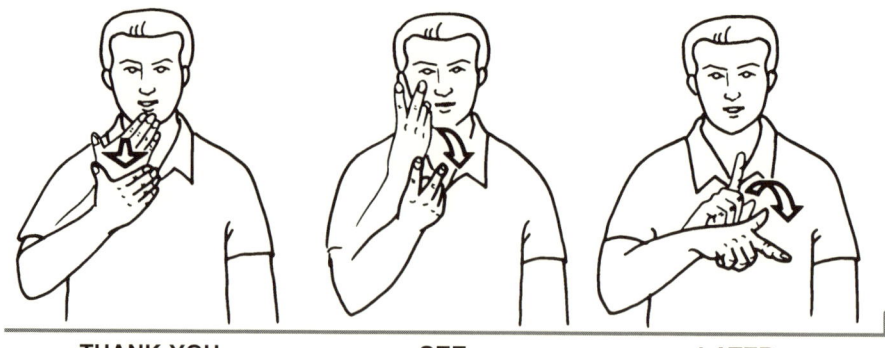

THANK-YOU
ありがとう

SEE
見る

LATER
あとで

口元にあてた手を前方に出します。

ひとさし指と中指を伸ばした右手を，目元から前方に動かします。

ひとさし指を伸ばした右手を，前方に倒します。

GOOD-AFTERNOON
こんにちは（午後）

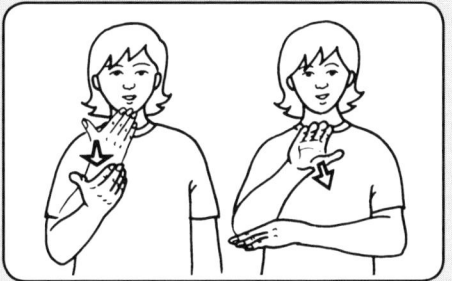

使える アメリカ 手話

口元にあてた手を前方に出します。左手の甲の上に乗せた右腕を，手のひらを下にしてひじから前方に倒します。

GOOD-NIGHT
おやすみなさい（夜）

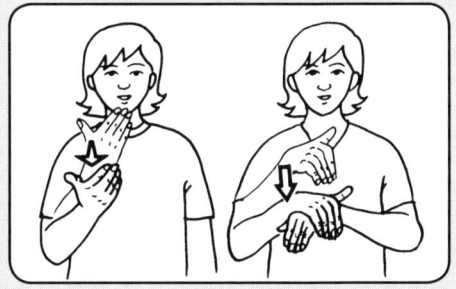

口元にあてた手を前方に出します。左手首の上に，右手をななめに重ねます。

SICK
病気

指を伸ばした両手の，右手の中指で額を，左手の中指で胸元に触れます。右手だけで表すこともあります。

TIRED
疲れた

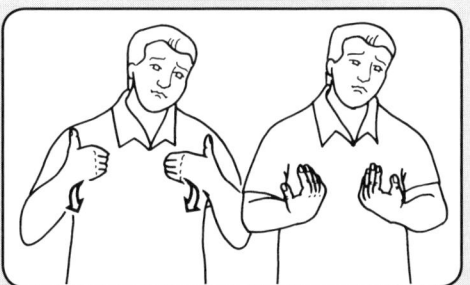

両手の4指を胸元にあてます。指先をつけたまま手首を内側におろします。

BAD
悪い／良くない

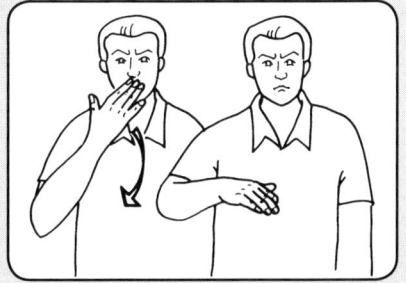

口元にあてた手を，手のひらが下になるよう前方におろします。

column 2　豊かな表情と身振りがポイント

　他者とコミュニケーションするとき，情報の多くを占めているのは身振りであるといわれています。アメリカ手話では，会話をするとき，手話だけでなく，表情，視線，身振りや体の傾きなどをかなり多く使います。表情や身振りなど手話以外の表現をまとめて「非手話表現」または「非手指動作」といいますが，これがマスターできると相手にメッセージが伝わります。

　手話をするときアメリカ人のろう者の表情は非常に豊かです。それは，喜び，怒り，悲しみなどさまざまな感情を表情に表しているからであり，アメリカ手話の特徴がよくでています。また質問するときの表情が質問の内容によって変わるのも，表情が文法的な働きをもっているためです。

　身近な例をあげると，うなずいて肯定する身振りがあります。肩をすくめたり，あるいは首を横に振ったりして否定する身振りもあります。

　また，ストローのような細いもの，紙のような薄いものを意味するときは，口をすぼめます。遠くにあることを示すとき，目を細め，近くにある対象をさすのに対象に視線をあててあごを肩によせます。長い時間を意味するために舌を動かしたりするなど，会話のなかで生き生きと表現されます。

　アメリカ人のろう者があるジョークを話してくれました。「いつも手話を使っているろう者が聞こえる人よりずっと若くて見えるのは，なぜかわかる？ろう者はよく表情を変えるので顔の筋肉が鍛えられているからだ。だから，若くて見えたければ美容整形に行くより手話クラスをとった方が経済的でずっと効果があるよ」。これは案外，あたっているかもしれません。

　アメリカ手話で会話するとき，手話だけでなく，表情や身振りなどを多く用いて，会話にメリハリをつけるようにしましょう。

4
あの人はだれですか

A₁ **Who is she?**
(離れたところにいる女性を指さして) あの女性はだれですか？

B₁ **She is my friend.**
私の友人です。

A₂ **Where is she from?**
あの人はどこの人ですか？

B₂ **She is from California.**
カリフォルニアですよ。

A1 SHE WOMAN WHO ?
あの女性はだれですか？

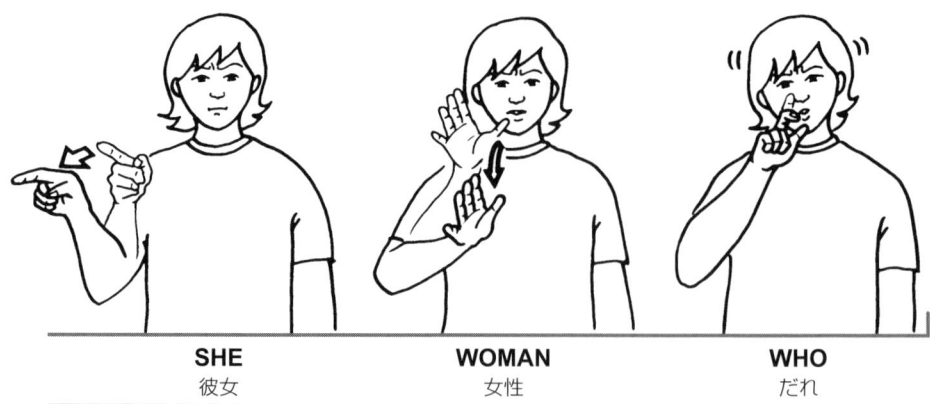

| **SHE** 彼女 | **WOMAN** 女性 | **WHO** だれ |

右手のひとさし指で対象のいる方向を指さします。

指を伸ばした右手の親指であごに触れ、胸元におろします。

右手の親指とひとさし指を伸ばします。親指をあごにあて、ひとさし指を振ります。

B1 SHE MY FRIEND．
私の友人です。

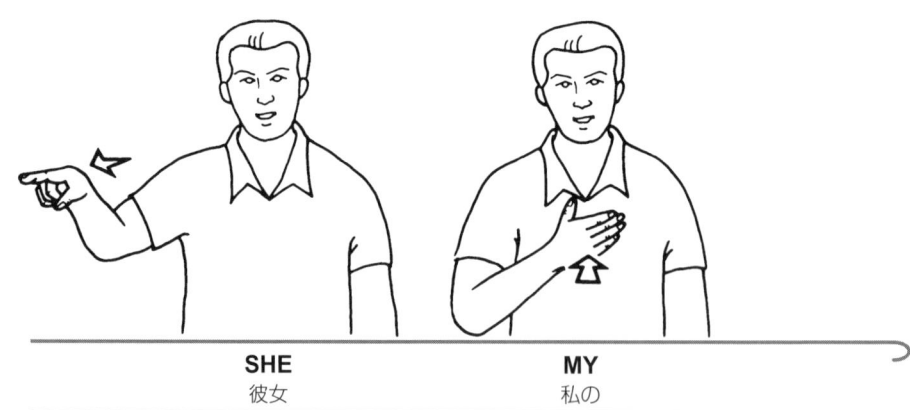

| **SHE** 彼女 | **MY** 私の |

右手のひとさし指で対象のいる方向を指さします。

指を伸ばした手で胸元に触れます。

※人や物がその場にない場合、伸ばした人さし指でななめ横を指さします。
※「MY（私の）」「YOUR（あなたの）」などを意味するとき、開いた手のひらを対象に向けます。「OUR（私たちの）」「YOUR（あなた方の）」などの場合は、その手を左右に動かします。

4 あの人はだれですか

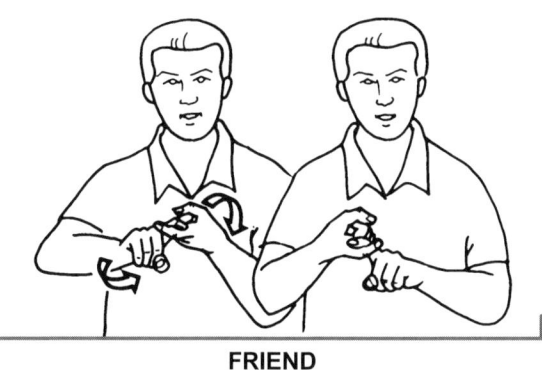

FRIEND
友だち

両手のひとさし指を，ななめに組み合わせ，上下を入れ替えてまた組み合わせます。

A2 SHE FROM WHERE ?
あの人はどこの人ですか？

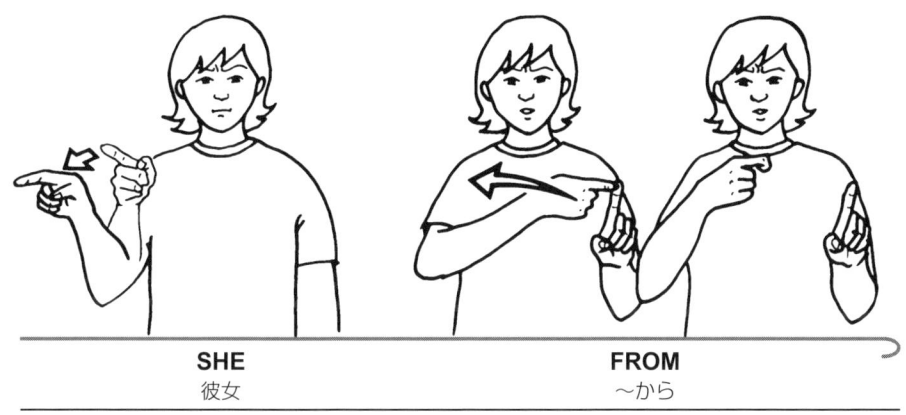

SHE
彼女

右手のひとさし指で対象のいる方向を指さします。

FROM
〜から

左手のひとさし指を立て，伸ばした右手のひとさし指を合わせます。右手の指を曲げながら横に動かします。

※「FROM（〜から）」の手話は必ずしも出身地を意味するとは限らず，今住んでいる所や，ろう者の間では卒業したろう学校を意味することがあります。

WHERE
どこ

右手のひとさし指を立て，
左右に振ります。

B₂ **FROM CALIFORNIA.**
カリフォルニアですよ。

FROM
〜から

CALIFORNIA
カリフォルニア

左手のひとさし指を立て，伸ばした右手のひとさし指を合わせます。右手の指を曲げながら横に動かします。

親指，ひとさし指，小指を伸ばした手で耳たぶのあたりに触れます。ひとさし指を曲げながら下におろします。

4　あの人はだれですか　37

使える アメリカ 手話

MAN 男性

指を伸ばした手の親指でひたいに触れ，胸元におろします。

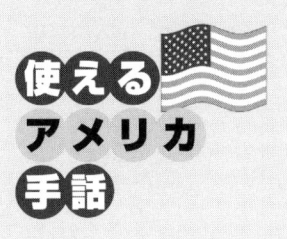

※同じ手の形でも顔の上半分に触れると「男」，下半分に触れると「女」というように，手の位置で性別を表す手話もあります。

HUSBAND 夫

ひたいにつけた右手を，胸元で左手と組み合わせます。

WIFE 妻

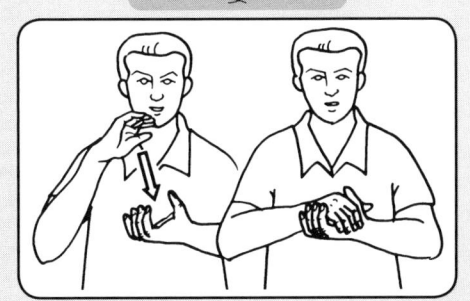

あごにつけた右手を，胸元で左手と組み合わせます。

BOY 少年

指を伸ばした右手をひたいにあて，指先を2回ほど合わせます。

GIRL 少女

親指を立てた右手でほおを2回ほど前後になでます。

CHILDREN 子どもたち

手のひらを下に向けた両手を，2〜3回広げながらおろします。片手だけで表すこともあります。

使えるアメリカ手話

YOUR　あなたの
手のひらを相手に向け，少し押します。

HIS／HER／ITS　彼の／彼女の／その
手のひらをななめ横から，外側に少し押します。

THEIR　彼らの／それらの
手のひらを対象に向け，ななめ横に移動します。

NEW-YORK　ニューヨーク
親指と小指を伸ばした右手で，左手のひらの上を2～3回なでます。

AMERICA　アメリカ
指を組み合わせた両手で，胸の前で水平に円を描きます。

WASHINGTON-DC　ワシントンDC
ひとさし指，中指，薬指を伸ばした手を，2回円を描くようにしてから，指文字のDとCを表します。
※最初の手話だけで「ワシントン州」を表すこともあります。

5
きょうだいは何人ですか

A₁ Where do your parents live?
ご両親はどこにお住まいですか？

B₁ They live in San Francisco.
サンフランシスコに住んでいます。
Do you have any brothers and sisters?
きょうだいはいますか？

A₂ Yes, I have two brothers and one sister.
はい。男のきょうだいが2人，女のきょうだいが1人います。
How many brothers and sisters do you have?
きょうだいは何人ですか？

B₂ I don't have any brothers or sisters.
きょうだいはいません。

A1　MOTHER-FATHER LIVE WHERE ?
ご両親はどこにお住まいですか？

MOTHER-FATHER
両親

指を伸ばした手の親指であごに触れ，次にひたいに触れます。あごが母，ひたいは父を表します。

LIVE
住む

親指を立てて握り向かい合わせた両手を，上にあげます。

WHERE
どこ

右手のひとさし指を立て，左右に振ります。

※「WHAT（何）」「WHEN（いつ）」などの疑問詞は文の初めにつけるだけでなく，文の終わりにつけることや文の前後をはさむ形で用いることもできます。

5 きょうだいは何人ですか　41

B₁ THEY LIVE S-F．
サンフランシスコに住んでいます。

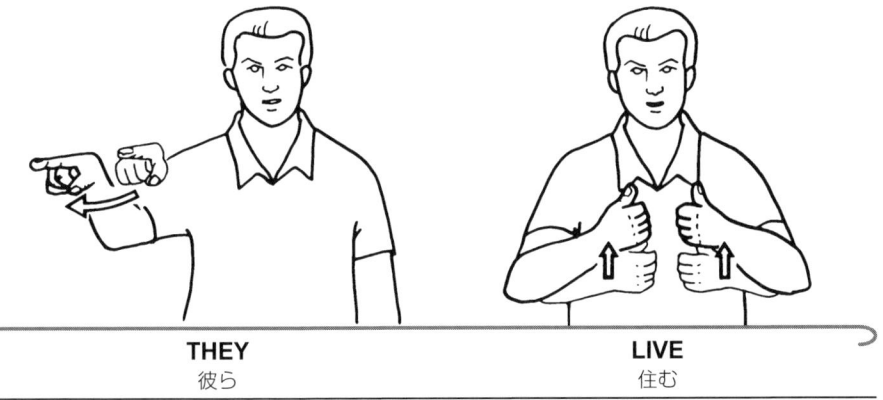

THEY	LIVE
彼ら	住む

ひとさし指でななめ横を指さし，水平に動かします。

親指を立てて握り向かい合わせた両手を，上にあげます。

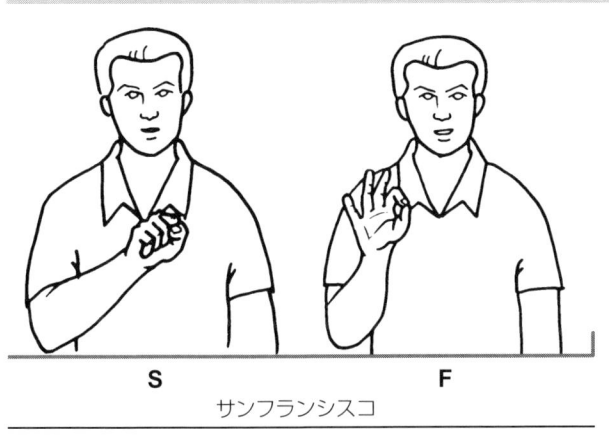

S	F
サンフランシスコ	

指文字のSとFを表します。

YOU HAVE BROTHER SISTER YOU？
きょうだいはいますか？

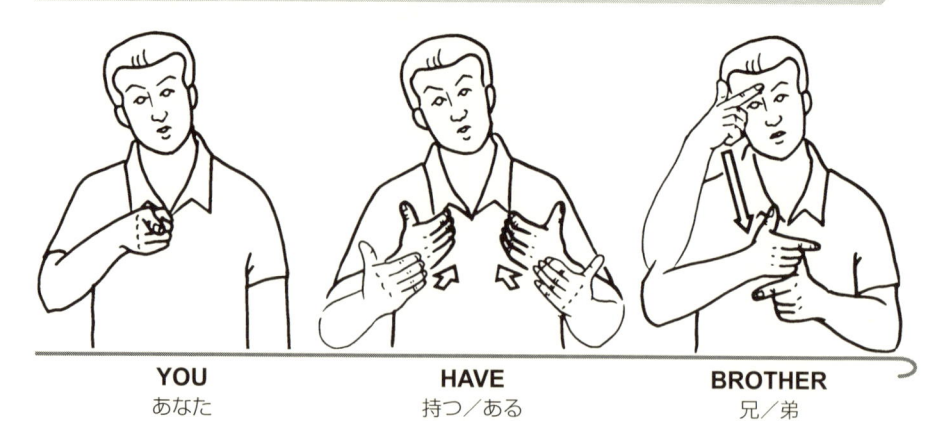

YOU	HAVE	BROTHER
あなた	持つ／ある	兄／弟

右手のひとさし指で相手を指さします。

両手の指先を胸元に引き寄せます。

両手の親指とひとさし指を伸ばし、ひたいまであげた右手を胸元で左手と合わせます。

SISTER	YOU
姉／妹	あなた

両手の親指とひとさし指を伸ばし、あごまであげた右手を胸元で左手と合わせます。

右手のひとさし指で相手を指さします。

5　きょうだいは何人ですか

A2　YES , 2 BROTHER 1 SISTER .
はい。男のきょうだいが2人，女のきょうだいが1人います。

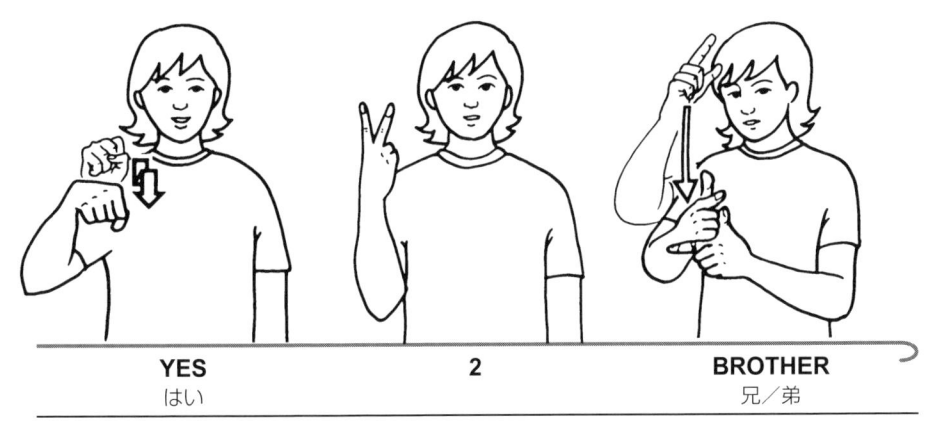

YES	2	BROTHER
はい		兄／弟

右手でこぶしをつくり，手首から先を，うなずくように2回，前に振ります。

相手に甲を向けて，ひとさし指と中指を立てます。

両手の親指とひとさし指を伸ばし，ひたいまであげた右手を胸元で左手と合わせます。

1	SISTER
	姉／妹

相手に甲を向けて，ひとさし指を立てます。

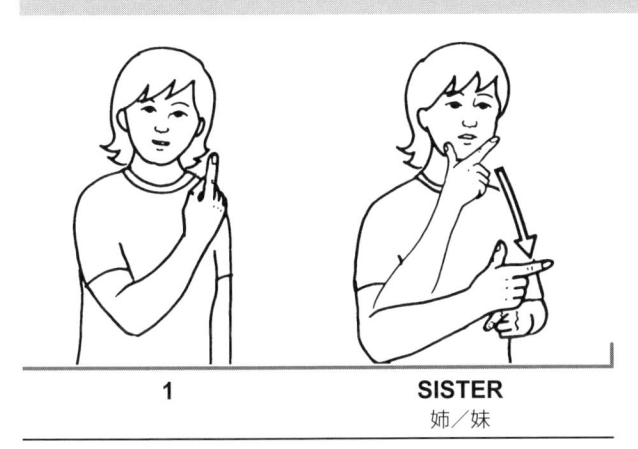

両手の親指とひとさし指を伸ばし，あごまであげた右手を胸元で左手と合わせます。

※2つの事柄を表すとき，体の左側と右側に位置分けをして表します。

HOW-MANY BROTHER SISTER YOU HOW-MANY？
きょうだいは何人ですか？

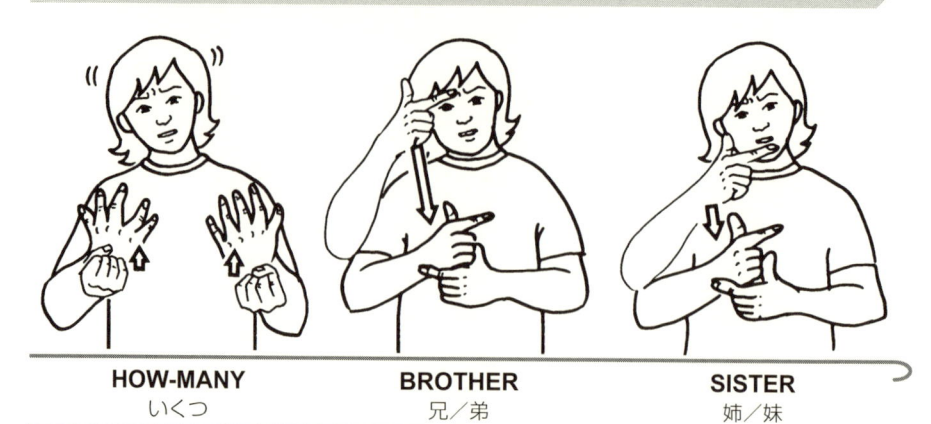

HOW-MANY	BROTHER	SISTER
いくつ	兄／弟	姉／妹
手のひらを上に向けて握った両手を，パッと開きながらあげます。	両手の親指とひとさし指を伸ばし，ひたいまであげた右手を胸元で左手と合わせます。	両手の親指とひとさし指を伸ばし，あごまであげた右手を胸元で左手と合わせます。

YOU	HOW-MANY
あなた	いくつ
右手のひとさし指で相手を指さします。	手のひらを上に向けて握った両手を，パッと開きながらあげます。

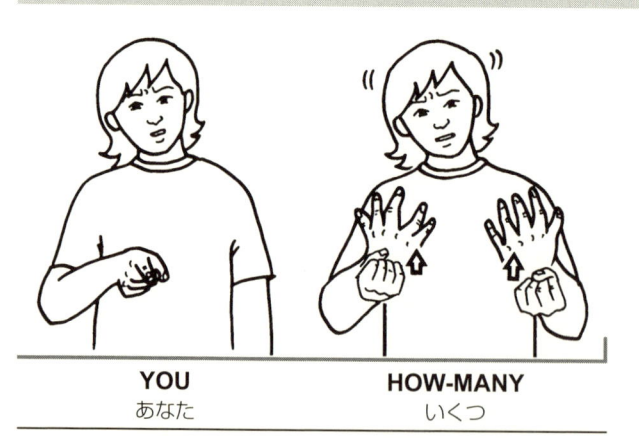

B₂ BROTHER SISTER NONE．
きょうだいはいません。

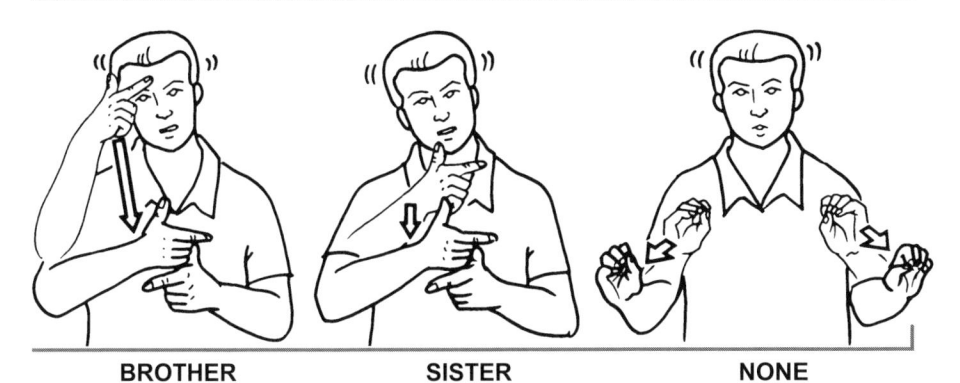

BROTHER	SISTER	NONE
兄／弟	姉／妹	ひとつもない

両手の親指とひとさし指を伸ばし，ひたいまであげた右手を胸元で左手と合わせます。

両手の親指とひとさし指を伸ばし，あごまであげた右手を胸元で左手と合わせます。

胸の前で指先を全部すぼめた両手（指文字のO）を外側に向けて移動します。

※「1人もいない」と答える場合，「NONE」だけで表現することもできます。

FATHER 父親
指を伸ばした手の親指でひたいに2度触れます。

MOTHER 母親
指を伸ばした手の親指であごに2度触れます。

FAMILY 家族
両手の親指とひとさし指で輪を作ります（指文字のF）。体の前で水平に円を描きます。

※性別の違いを表す手話については P.37を参照してください。

SON 息子
左腕を胸の前にかまえ，指を伸ばした右手をひたいから左ひじに移動します。

DAUGHTER 娘
左腕を胸の前にかまえ，親指を立てた右手をほおのあたりから左ひじに動かしながら指を開きます。

GRAND-FATHER 祖父
指を伸ばした手の親指を，ひたいから2度円を描くように前に出します。

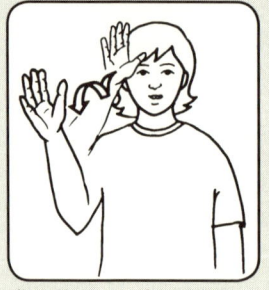

GRAND-MOTHER 祖母
指を伸ばした手の親指を，あごから2度円を描くように前に出します。

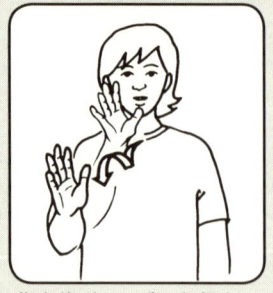

BABY 赤ちゃん
胸の前で抱え込んだ両腕を左右にゆすります。

5 きょうだいは何人ですか　47

使えるアメリカ手話

1
相手に甲を向けて，ひとさし指を立てます。

2
相手に甲を向けて，ひとさし指と中指を立てます。

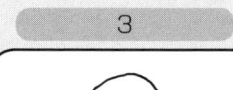

3
相手に甲を向けて，親指，ひとさし指，中指を立てます。

4
相手に甲を向けて，親指をのぞく4指を立てます。

5
相手に甲を向けて5指を立てます。

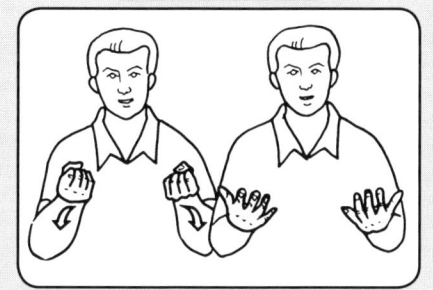

MANY　多くの
手のひらを上に向けて握った両手を，パッと開きながら前に出します。

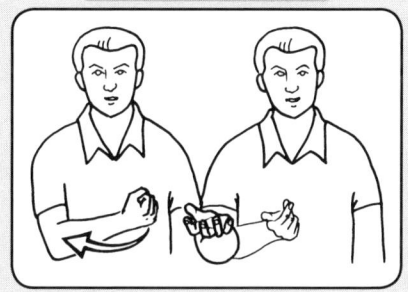

A-FEW　いくらかの／多少の
左胸の前で握った右手のこぶしを，指を1本ずつ開きながら，水平に移動します。

column3　1人に1つネームサイン

　アメリカのろう者の世界では，人の名前を表すときにネームサイン (Name Sign) が使われます。ろうの親が自分の子どもにネームサインをつけたり，子どもが初めてろう学校に入るとき，教師や舎監，カウンセラーがその子どもの名前の頭文字をとってネームサインを作ったりします。同じ名前の人が何人かいても，ネームサインは違うことがふつうです。

　ネームサインには，名前の頭文字をとって指文字で表したもの，あるいはその人の身体的特徴，たとえば，髪形，ほっぺたのほくろ，くぼみのあるあごなどをもとに表したものがあります。名前が短い場合，名前を指文字で表すネームサインもあります。子どもの頃や学生時代は，身体的特徴か，性格をもとに作られたネームサインですが，社会にでてから名前の頭文字を使ったネームサインに代わることがほとんどです。

　よく知られているネームサインを2つ紹介しましょう。アメリカで初めてろう学校を設立したトーマス・H・ギャローデットのネームサインは，ギャローデットの頭文字の「G」と彼が眼鏡を使用していたことをかけて「GLASSES」の手話を目尻のあたりで2回ほど繰り返し表します。このネームサインはギャローデット大学を表す場合にも使われます。また，アメリカで最初のろう教師であったろう者のローラン・クレークのネームサインは，ほおにやけどのあとがあったことから右手の伸ばした2本指でほおをなでます。彼はフランスのパリ国立ろう学校の教師でしたが，ギャローデットに請われてアメリカに渡り，ろう教育の発展に尽くした人です。

　手話クラス，サークル活動など，学校以外のところで，初めてアメリカ手話を学ぶ人は，自分でネームサインをつくるのではなく，ろう者と親しくなってからつけてもらうのがふつうです。初対面の相手に自己紹介をするとき，まず自分の名前を指文字で表します。ネームサインについては，聞かれたら表しましょう。

6
本屋さんはどこにありますか

A₁ Excuse me. Where is the book store?
すみません。本屋さんはどこにありますか？

B₁ It is near the restaurant over there.
あそこのレストランの近くですよ。

A₂ Thank you. I wil check it out.
ありがとう。行ってみます。

B₂ You are welcome. How did you come here?
どういたしまして。どうやってここまで来たのですか？

A₃ I came by bus.
バスで来ました。

A₁ EXCUSE-ME．
すみません。

EXCUSE-ME
すみません／失礼します

右手で左手のひらを2度なでます。姿勢はやや前かがみです。

BOOK STORE WHERE？
本屋さんはどこにありますか？

BOOK
本

STORE／SELL
店／売る

WHERE
どこ

胸の前で合わせた両手を2度開く動作をします（本を開くしぐさ）。

4指をそろえた手の甲を相手に向けた両手を，胸の前で前方に2度振ります。

右手のひとさし指を立て，左右に振ります。

6 本屋さんはどこにありますか

B1 KNOW RESTAURANT THERE , NEAR AREA .
あそこのレストランの近くですよ。

KNOW
知る

4指をそろえた右手をひたいに軽くあてます。

RESTAURANT
レストラン

伸ばしたひとさし指と中指をからませ，口下で逆N字を描きます。

THERE
そこ／あそこ

ひとさし指でななめ横を指さします。

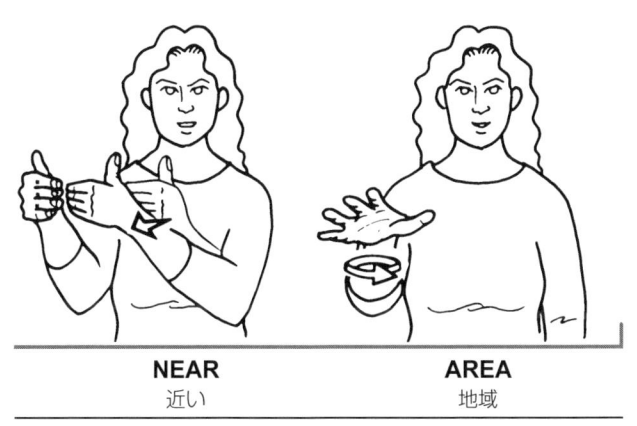

NEAR
近い

両手の甲を相手に向け，前後にかまえます。手前に左手を右手に近づけます。

AREA
地域

手のひらを下に向けた右手で，水平に小さく円を描きます。

※「KNOW（知る）」は，目的となる場所や位置の目印になるものを言って，それを知っているかどうか確認するのに使います。

A₂ THANK-YOU． I GO-THERE．
ありがとう。行ってみます。

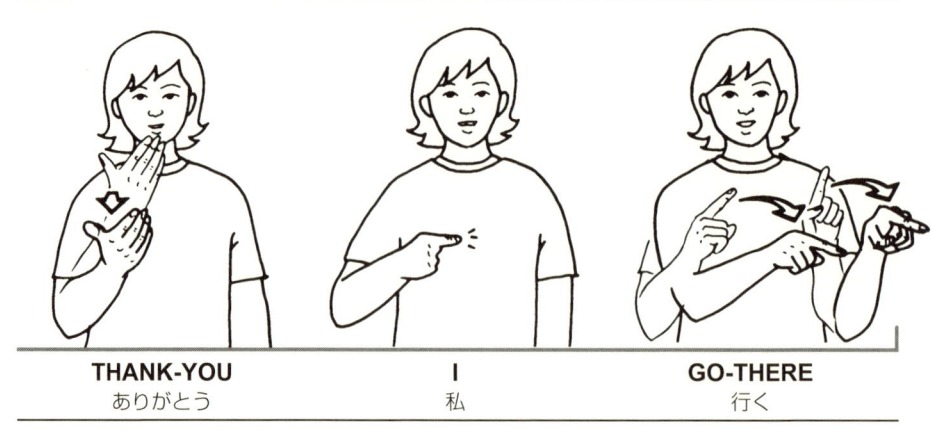

THANK-YOU	I	GO-THERE
ありがとう	私	行く
口元にあてた手を前方に出します。	右手のひとさし指で，自分の胸元を指さします。	ひとさし指を伸ばした両手を，ななめ前へ動かします。

B₂ FINE．
どういたしまして。

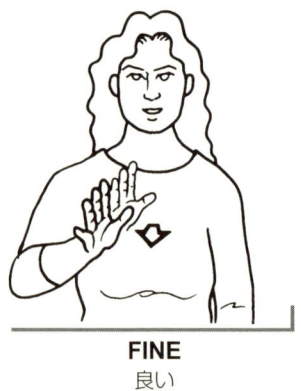

FINE
良い

指を伸ばした手の親指を胸にあて，前方に少し出します。

※「GO-THERE（向こうへ行く）」「COME-HERE（ここへ来る）」のようにある場所から別の場所へ移動することを表現するとき，空間を利用します。

6　本屋さんはどこにありますか

YOU COME-HERE HOW？
どうやってここまで来たのですか？

YOU	COME-HERE
あなた	来る

右手のひとさし指で相手を指さします。

ひとさし指を伸ばした両手を，体から離してかまえ，指先から胸元に引き寄せます。

HOW
どうやって

親指を立てた両手を向かい合わせます。右手を2回，前に倒します。

A₃ | RIDE B-U-S．
バスで来ました。

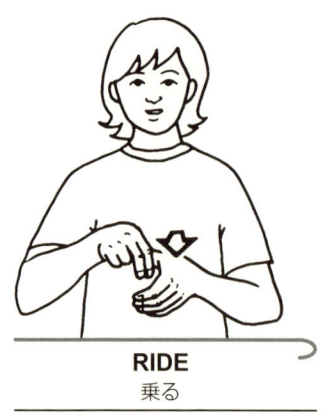

RIDE
乗る

右手のひとさし指と中指を曲げ，左手の親指に触れて前方へ出します。

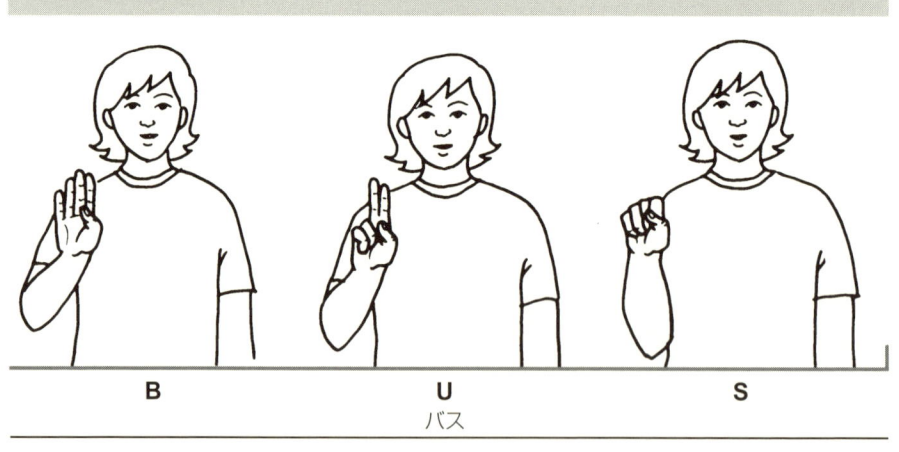

| B | U | S |

バス

指文字で B，U，S を表します。

※「B-U-S」のように指文字で表すアメリカ手話の例は以下のとおりです。
C-A-R（自動車）　J-O-B（仕事）　H-S（高校）　P-O（郵便局）　B-A-N-K（銀行）　など。

6 本屋さんはどこにありますか

使える アメリカ手話

MOVE-TO
引っ越す／動かす

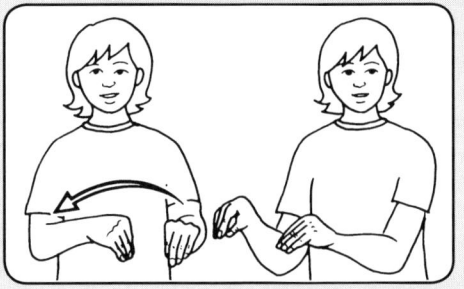

甲を相手側に向け4指をそろえた両手を，左側にかまえます。右側に半円を描くように移動します。

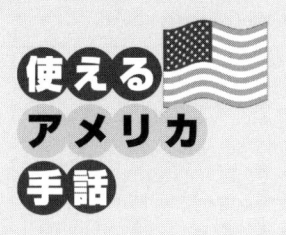

※「トイレ」を意味する手話が2つありますが，「RESTROOM」の手話は，一般家庭のトイレを表す場合は使いません。

BATHROOM
トイレ①

右手のこぶしのひとさし指と中指の間から親指を出し，左右に振ります。

RESTROOM
トイレ②

伸ばしたひとさし指と中指をからませ，半円を描くように動かします。

HOSPITAL
病院

ひとさし指と中指を伸ばし，左腕に十字を描きます。

CHURCH
教会

手のひらで半円をつくった右手を，甲を上にした左手に2回あてます。

使えるアメリカ手話

WALK / 歩く

相手に向け指を伸ばした両手を，左右交互に手首から前後に振ります。

CAR／DRIVE / 車／運転する

軽く握った両手を，胸の前で交互に上下に動かします。

TRAIN／GO-TRAIN / 電車／電車で行く

ひとさし指と中指を伸ばした両手を右手を上に重ね，右手で左手の指を2度なでます。

FAR / 遠い

親指を立てた両手を向かい合わせ，右手をななめ上にあげます。

7
手話のクラスをとっていますか

A₁ Do you go to school？
学校に行っていますか？

B₁ Yes, I go to college／university.
はい，大学に行っています。

A₂ Are you taking a sign language class？
手話のクラスをとっていますか？

B₂ Yes, I'm. I love to study.
はい，とっています。勉強するのが大好きです。

A₁ SCHOOL YOU ?
学校に行っていますか？

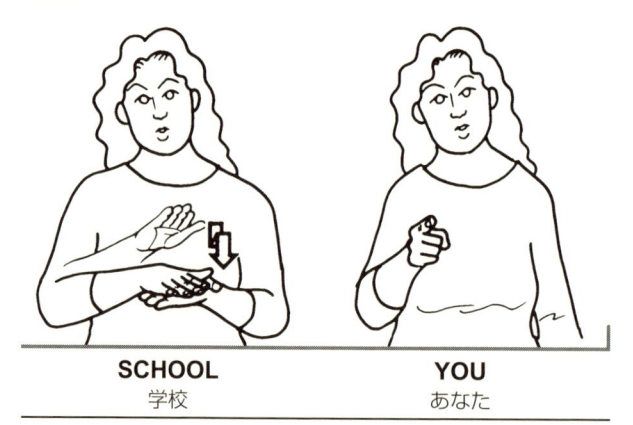

SCHOOL	YOU
学校	あなた

胸の前で右手を上，左手を下にかまえ，右手で左手を軽くたたきます。

右手のひとさし指で相手を指さします。

B₁ YES, COLLEGE I.
はい，大学に行っています。

YES	COLLEGE	I
はい	大学	私

右手でこぶしをつくり，手首から先を，うなずくように2回，前に振ります。

胸の前で，右手を上，左手を下に重ねます。外側に半円を描きながら右手を上に移動します。

右手のひとさし指で自分の胸元を指さします。

7 手話のクラスをとっていますか

A₂ TAKE-UP SIGN CLASS YOU ?
手話のクラスをとっていますか？

TAKE-UP
とる

手のひらを下にして指を開き両手をかまえます。両手の指を握りながら上に移動します。

SIGN
手話

ひとさし指を伸ばした両手を，胸の前で上下交互に回します。

CLASS
クラス

手のひらを丸くした両手を胸の前で向かい合わせ，水平に円を描きます。

YOU
あなた

右手のひとさし指で相手を指さします。

B₂ YES, TAKE-UP SIGN CLASS.
はい，とっています。

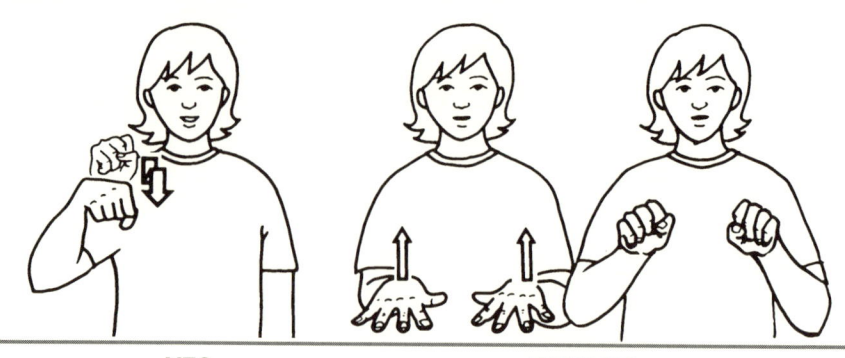

YES
はい

右手でこぶしをつくり，手首から先を，うなずくように2回，前に振ります。

TAKE-UP
とる

手のひらを下にして指を開き両手をかまえます。両手の指を握りながら上に移動します。

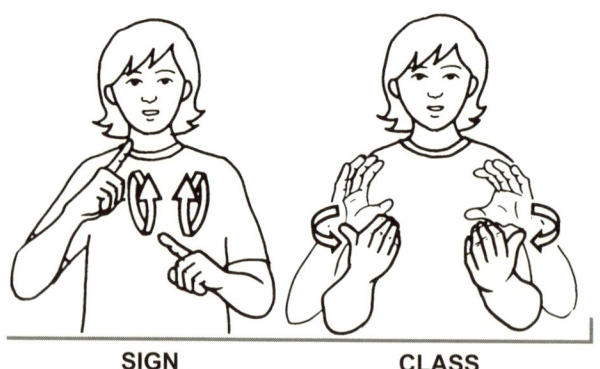

SIGN
手話

ひとさし指を伸ばした両手を，胸の前で上下交互に回します。

CLASS
クラス

手のひらを丸くした両手を胸の前で向かい合わせ，水平に円を描きます。

※ここでは主語の「I（私）」の手話が省略されていますが，意味は同じです。

7　手話のクラスをとっていますか

LOVE STUDY．
勉強するのが大好きです。

LOVE
大好き／愛する

甲を相手側に向けた両腕を，胸の前で交差させ，引き寄せます。

STUDY
勉強

指を開いた右手を下に向け，左手のひらの上で前後に振ります。

※「LOVE」という手話は「愛／愛する」という意味だけではなく，「大好き」という意味にも使われます。

RESIDENTIAL-SCHOOL
寄宿制ろう学校

小指を伸ばした両手を，胸の前で軽くトントンとあてます。

UNIVERSITY
総合大学

ひとさし指と中指を伸ばした右手で左手のひらに触れ，上まであげます。

LEARN
学ぶ

左胸の前で両手のひらを合わせ，右手を顔の前まで持ち上げながら，指先を閉じます。

TEACH
教える

指先を閉じた両手を顔の前で前方に2回振ります。

ART／DRAW
美術／芸術／絵を描く

小指を伸ばした右手で，左手のひらに線を描くように下に動かします。

HATE
大嫌い／憎む

両手の親指と中指を合わせ，前に移動しながら，指をパッと離します。

7　手話のクラスをとっていますか

使える アメリカ 手話

COMPUTER
コンピュータ

手のひらを丸めた右手で，左腕の上で円を描きます。

ENGLISH／ENGLAND
英語／イギリス

左手の甲の上に，右手を重ねて，手前に2回ほど引き寄せます。

FRENCH／FRANCE
フランス語／フランス

両手の親指とひとさし指で輪を作り（指文字のF），水平に円を描きます。

column 4　指文字に早く慣れよう

　アメリカにおいてもっとも多く用いられている言語は英語ですが，アメリカ手話で英語の影響が見られるのは指文字です。一般的に指文字を使うのは，人名，地名，組織名，商品名などを示すときです。対応する手話がまだない専門用語や，わからない単語を，指文字で表す場合もあります。

　アメリカのろう者向けの大学に留学すると誰もが経験することですが，アメリカ人のろう者の指文字は読み取れないほどとても速いのです。しかし，よく注意して見るときちんと1つずつ表しているわけでないのがわかります。これは間違いではなく，指文字がまとまって1つの単語となっているのです。

　たとえば「OK（了解）」「CAR（自動車）」「BUS（バス）」「NO（いいえ）」などのように，英語を借用して表した手話の単語を借用手話（LOAN SIGN）といいますが，英語の単語が2～5までの文字数なら指文字で表し，その動きや流れが手話のように，パターン化されています。指文字で英語の単語を表しているので，ある程度の英語の知識があれば読み取れます。

　ワシントンDCにあるギャローデット大学に留学したとき，指文字に関して苦労したことがありました。ろう者の高等教育機関として設置されたこの大学では，学長から教職員，用務員にいたるまで手話でコミュニケーションをとっているのです。授業のはじめに指導教授が学生の名前を1人ずつ指文字で呼んで，出欠をとります。返事をしないと欠席扱いにされるため，自分の名前かどうか，教授の動く手を，目を皿のようにして見ていなければなりませんでした。教授によって指文字をするときの癖や速さも違うので慣れるまで時間がかなりかかりました。

　指文字を上手に読みとるコツは，表現された指文字を1つずつ読み取るのでなくて，ざっと全体的に読み取ることです。指文字を使うときは，利き手をなるべく自分のあごの下あたりに置き，脇に寄せた腕を楽にして，単語全体を1つの動きとしてまとめるように表します。指文字を表す手を上下に動かさないように注意しましょう。

8
お仕事は何ですか

A₁ **Do you work ?**
お仕事をしていますか？

B₁ **Yes , I am an engineer .**
はい，エンジニアです。
What kind of job do you do ?
お仕事は何ですか？

A₂ **I work for a company .**
会社で働いています。
It is not easy .
仕事は楽ではありません。

A1　YOU WORK YOU ?
お仕事をしていますか？

YOU
あなた

右手のひとさし指で，相手を指さします。

WORK
働く／仕事

両手を軽く握り，右手を左手の甲にトントンと軽くあてます。

YOU
あなた

右手のひとさし指で，相手を指さします。

B1　YES , I WORK ENGINE-ER .
はい，エンジニアです。

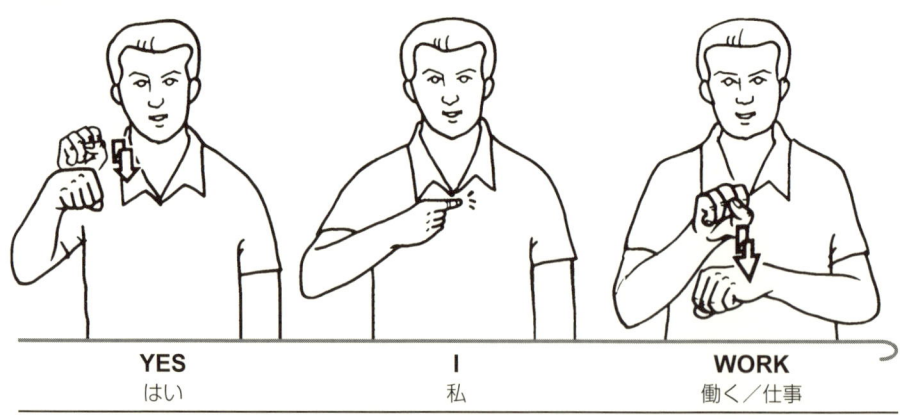

YES
はい

右手でこぶしをつくり，手首から先を，うなずくように2回，前に振ります。

I
私

右手のひとさし指で，自分の胸元を指さします。

WORK
働く／仕事

両手を軽く握り，右手を左手の甲にトントンと軽くあてます。

8 お仕事は何ですか 67

ENGINE-ER
エンジニア

両手の親指と小指を伸ばし，右手を上下に振ります。両手の指を伸ばし，肩幅の広さで下におろします。

WORK WHAT ?
お仕事は何ですか？

WORK
働く／仕事

WHAT
何

両手を軽く握り，右手を左手の甲にトントンと軽くあてます。

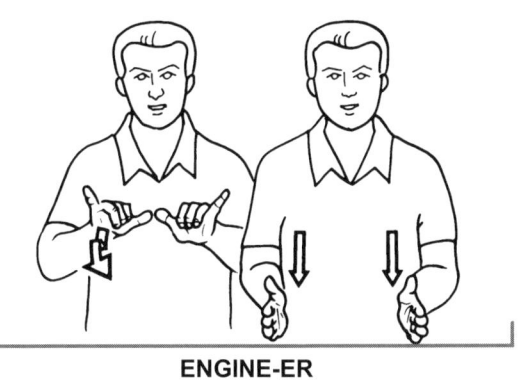

手のひらを上に向け，左右に軽くゆすります。

※この文では「YOU（あなた）」の主語を省いても，意味は変わりません。

WORK C-O．
会社で働いています。

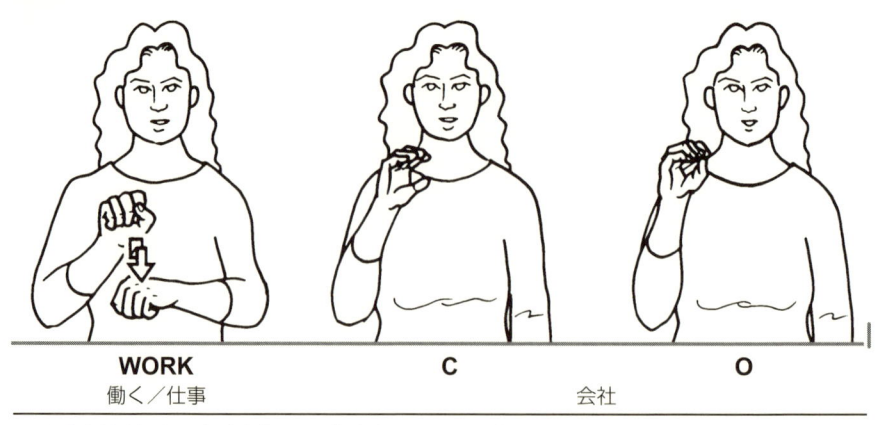

WORK	C	O
働く／仕事	会社	

両手を軽く握り，右手を左手の甲にトントンと軽くあてます。

指文字のCとOを表します。

NOT EASY．
仕事は楽ではありません。

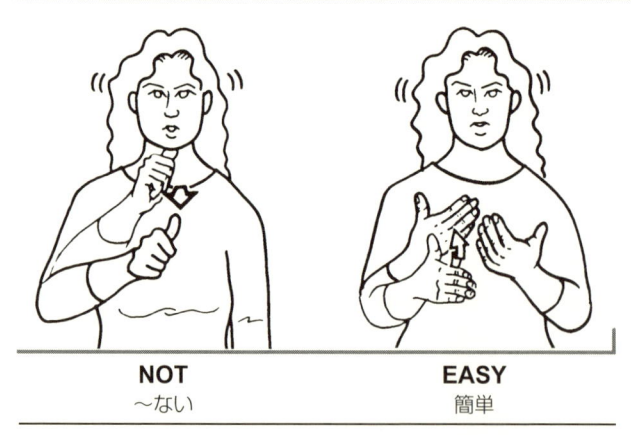

NOT	EASY
〜ない	簡単

親指を立てた右手であごに触れ，下におろします。

手のひらを上に向け指を伸ばした両手をそろえ，右手を，2回ほど左手の指の背をなでながら上にあげます。

8 お仕事は何ですか

使える アメリカ 手話

DOCTOR
医師

右手のひとさし指，中指，薬指で，左手首の内側に2回触れます。

NURSE
看護師

右手のひとさし指，中指で，左手首の内側に2回触れます。

※ある職業をしている人を表現するとき，「-ER（～する人）」の手話を使いますが，「看護師（NURSE）」のように，「-ER」をつけない手話もあります。

INTERPRET-ER
通訳者

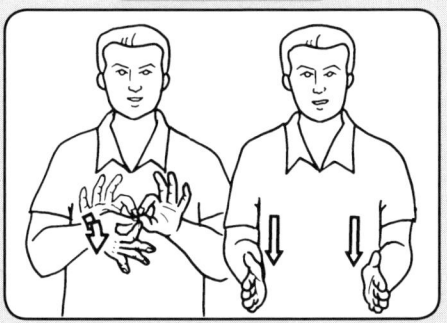

両手の親指とひとさし指の先をつき合わせながら，右手を上下に動かします。両手の指を伸ばし，肩幅の広さで下におろします。

PHOTOGRAPH-ER
カメラマン

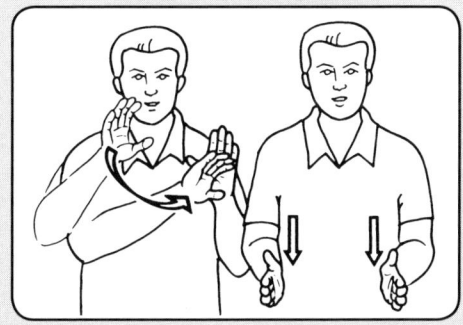

手のひらで半円をつくった右手を，顔の前へかまえます。立てた左手のひらに，右手をあててから，両手の指を伸ばし，肩幅の広さで下におろします。

WELD-ER
溶接工

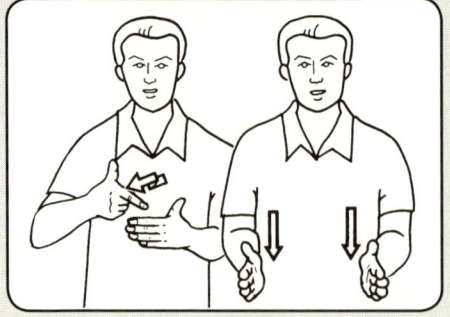

親指とひとさし指を伸ばした右手を，倒した左手に向けて2回ほど左右に動かします。両手の指を伸ばし，肩幅の広さで下におろします。

PAINT-ER
塗装工

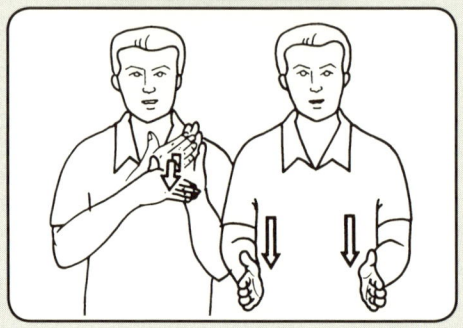

立てた左手のひらを，2回ほど右手でなでます。両手の指を伸ばし，肩幅の広さで下におろします。

HARD
難しい／困難

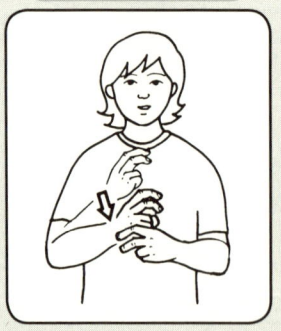

両手のひとさし指と中指を軽く曲げ，右手を左手に軽くあてます。

使える アメリカ 手話

9
何時ですか

A₁ What time do you get up every morning?
毎朝何時に起きますか？

B₁ I get up at 7:00 and have breakfast at 8:00.
7時に起きて，8時に朝食をとります。

A₂ What time is it now?
今，何時ですか？

B₂ It is 5:00. I am bored.
5時です。退屈ですよ。
What do you want to do tonight?
今夜どうしましょうか？

A₃ Let's go to see a movie.
映画を見に行きましょう。

A1　YOU EVERY-MORNING GET-UP TIME WHAT？
毎朝何時に起きますか？

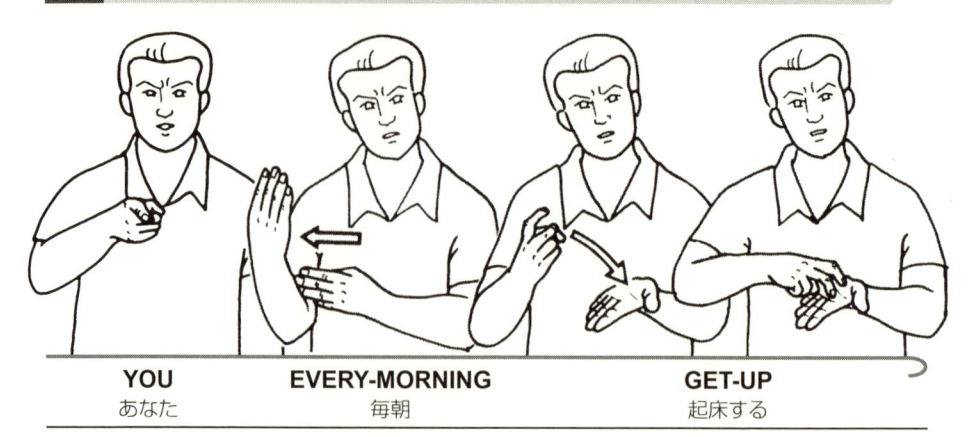

YOU	EVERY-MORNING	GET-UP
あなた	毎朝	起床する
右手のひとさし指で，相手を指さします。	右腕のひじの内側に，左手をあてます。左手を左に引きます。	右手の人さし指と中指を曲げ，左手のひらの上に置きます。

TIME	WHAT
時刻	何
右手のひとさし指で，左手首を2回ほど指さします。	両手のひらを上に向け，左右に軽くゆすります。

※「EVERY-MORNING（毎朝）」のように「EVERY（毎）」を表すとき，手話を左右に動かします。
※時刻を聞くとき，疑問の表情で「TIME（時刻）」の手話を表す方法もあります。

9 何時ですか　73

B1 I GET-UP TIME-7 , EAT TIME-8 .
7時に起きて，8時に朝食をとります。

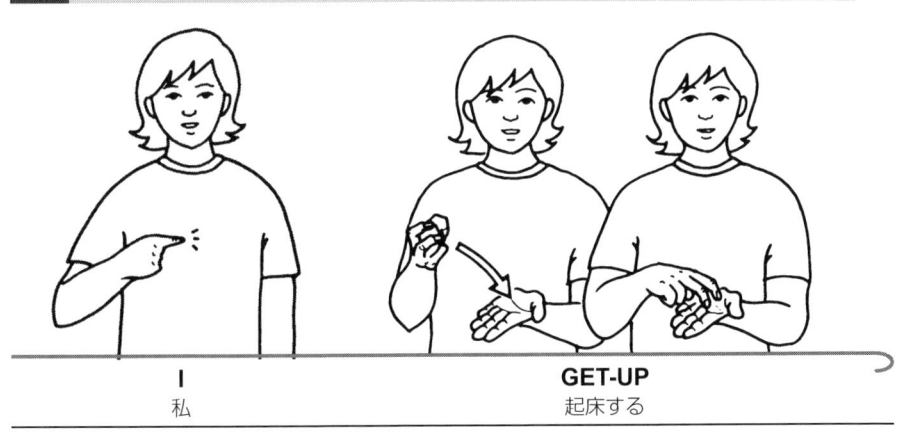

I 私	**GET-UP** 起床する
右手のひとさし指で，自分の胸元を指さします。	右手の人さし指と中指を曲げ，左手のひらの上に置きます。

TIME-7 7:00	**EAT／FOOD** 食べる／食べ物	**TIME-8** 8:00
親指と薬指を曲げ指先をつけた右手を，左手の手首か甲にあて，正面で振ります。	指先をすぼめた右手を，口元に2回ほどあてます。	親指と中指を曲げ指先をつけた右手を，左手の手首か甲にあて，正面で振ります。

A₂ NOW TIME-WHAT ?
今，何時ですか？

NOW
今

TIME-WHAT
何時

胸元の前で手のひらを上に向け両手を下におろして止めます。

右手のひとさし指で，2回ほど左手首を指さします。

B₂ TIME-5．BORED I．
5時です。退屈ですよ。

TIME-5
5:00

BORED
退屈した

I
私

指を伸ばした右手の親指を，左手の甲にあててから正面で振ります。

ひとさし指を伸ばした右手を鼻の横にあて，手首を回します。

右手のひとさし指で，自分の胸元を指さします。

※1時から9時までの時刻を表すとき，手のひらを相手に向けたまま1から9の数字を手首のあたりにつけ正面で振ります。
※10時から12時までの時刻は，最初に「TIME（時刻）」の手話，つづいて該当する数字の手話を表します。

NOW-NIGHT DO-DO ?
今夜どうしましょうか？

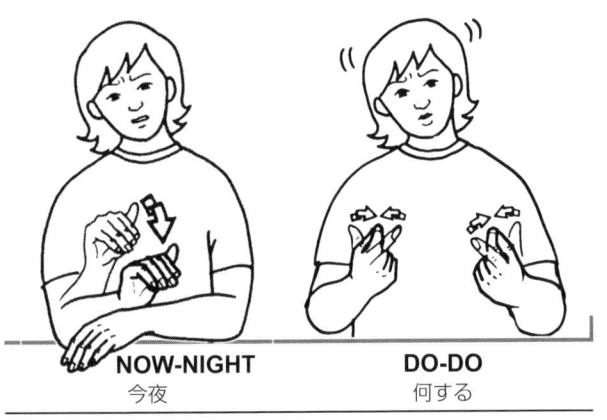

| **NOW-NIGHT** | **DO-DO** |
| 今夜 | 何する |

手のひらを丸くした右手を，ひじから曲げた左腕の上で上下に振ります。

両手の親指とひとさし指の指先を数回軽く合わせます。

A3　COME-ON SEE MOVIE .
映画を見に行きましょう。

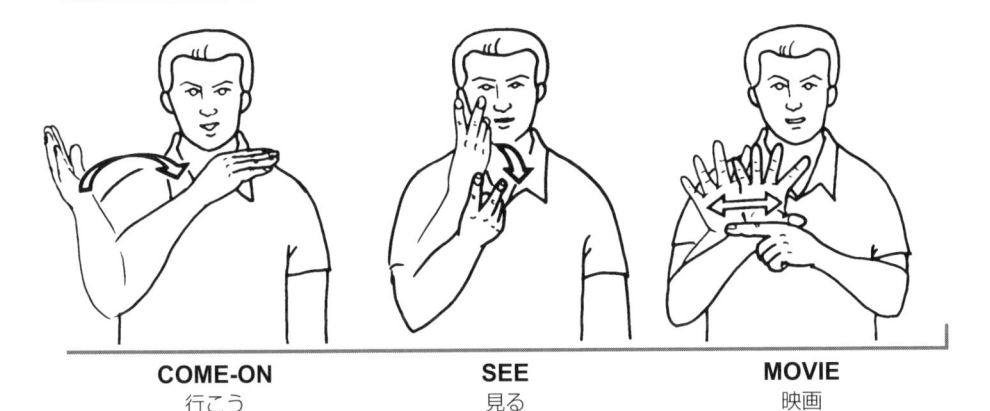

| **COME-ON** | **SEE** | **MOVIE** |
| 行こう | 見る | 映画 |

ひじから立てた右腕を，左側に倒します。

伸ばしたひとさし指と中指を，目元に近づけ，前方に動かします。

ひとさし指を横にした左手の後ろで，指を開いた右手を左右に振ります。

使えるアメリカ手話

GO-TO-BED / 就寝する 
人さし指と中指を伸ばした右手を，左手の下に差し入れます。

PLAY／THEATER／DRAMA / 演劇／ドラマ 
握った両手を上下交互に回します。

T-V / テレビ 
指文字のTとVで表します。

CHAT / おしゃべり 
指を伸ばした両腕を，体の横で上下に振ります。

TOGETHER／WITH / 一緒に 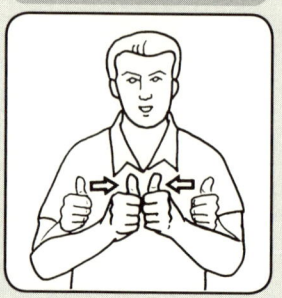
親指を立てた両手を向かい合わせて近づけます。

9 何時ですか

6
相手に手のひらを向け，親指と小指を曲げます。

7
相手に手のひらを向け，親指と薬指を曲げます。

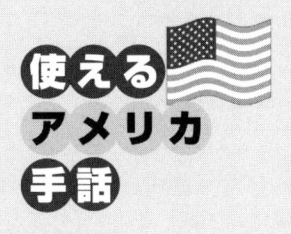

使える アメリカ 手話

※1〜5までの数字は，P.47を参照してください。

8
相手に手のひらを向け，親指と中指を曲げます。

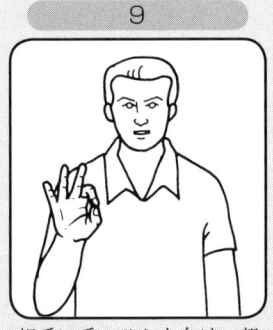

9
相手に手のひらを向け，親指とひとさし指を曲げます。

10
親指を立てて振ります。

11
相手に甲を向け，2回ほどひとさし指を親指にあててから立てます。

12
相手に甲を向け，2回ほどひとさし指と中指を親指にあててから立てます。

column 5　アメリカ手話がたどってきた歴史とは

　アメリカで手話が初めて使われたのがいつ頃なのかについては、諸説あります。植民地時代にマサチューセッツ州の沖合にあるマーサズ・ヴィンヤード島でろう者と聞こえる人が互いに手話でコミュニケーションをとって生活していたことが知られています。

　時代が下って、手話が公的に使われるようになったのは、ろう教育が始まったときです。アメリカ手話にフランス手話の影響がみられるのは、1817年にコネティカット州に設立されたアメリカ初のろう学校、アメリカろう学校（American School for the Deaf）で、フランス人のろう教師ローラン・クレークの指導により手話法によるフランス式教育が行われていたからだといわれています。

　やがて各地に州立寄宿制ろう学校が設立され、ろう教育の発展に伴い手話が普及していきます。ろう学校を卒業したろう者は、仲間との交流や情報交換にデフクラブ（DEAF CLUB）を作り、ろう文化を育成し後世に伝える重要な担い手になりました。

　ところが、1880年にミラノで開かれた国際ろう教育会議でろう児への指導方法を口話法と定め、手話法を禁じる決議が採択されました。この結果、世界のろう教育、およびろう者の生活に多大な影響を与えることになりました。ろう学校では手話の使用が禁じられ、生徒が手話をすると体罰を受けることも珍しくありませんでした。また、多数のろう教師が解雇され、電話を発明したアレキサンダー・G・ベルが提唱し進めた口話法による教育が行われるようになり、1960年代までろう者にとっての「暗黒時代」が続きます。1970年代には、手話言語学研究や手話に対する社会の理解が進み、アメリカ手話はろう者の自然な言語として受け入れられるようになりました。

　1990年代、一般学校や大学がアメリカ手話を外国語選択科目の1つとして採用するようになりました。大学の手話通訳養成課程やろう研究（Deaf Studies）課程ではアメリカ手話が必修科目とされています。アメリカ国内では英語とスペイン語についでアメリカ手話が多く使われ、手話人口が100万人以上に及ぶと推定されています。

10
これはおいしいですね

A₁ It is lunchtime now. I'm already hungry.
もう昼食時間ですね。もうおなかがすきました。

B₁ I am making some sandwiches.
サンドイッチを作っています。
Would you like some?
召し上がりますか？

A₂ Yes. It tastes good!
ええ。（食べたあと）これはおいしいですね！

A₁ LUNCH-TIME NOW．
もう昼食時間ですね。

LUNCH
昼食

左手の甲の上に乗せた右手の指先をすぼめ，2回ほど口元に運びます。指先を伸ばし上に向けます。

TIME
時刻

右手のひとさし指で，2回ほど左手首を指さします。

NOW
今

胸の前で手のひらを上に向けた両手を，下におろしてとめます。

10 これはおいしいですね 81

I HUNGRY ALREADY.
もうおなかがすきました。

I	HUNGRY	ALREADY
私	空腹	すでに

右手のひとさし指で自分の胸元を指さします。

指先を曲げた右手を，胸元で上から下に動かします。

指を広げた両手を肩の前にかまえ，手の甲が上になるようひっくり返します。

B1 I MAKE SANDWICH.
サンドイッチを作っています。

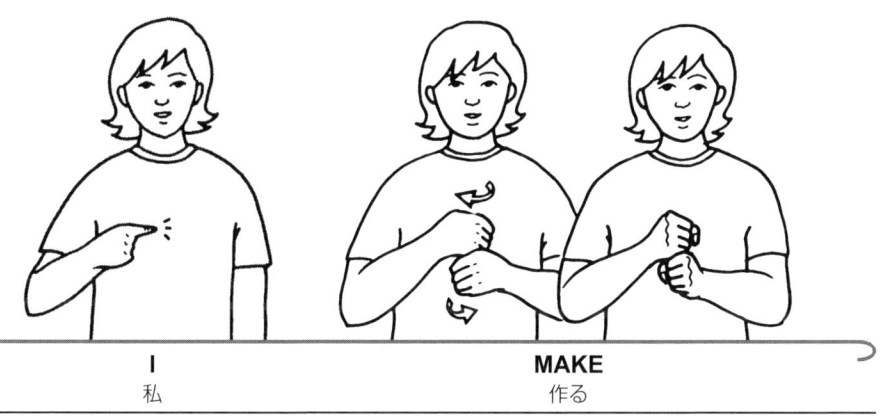

I	MAKE
私	作る

右手のひとさし指で，自分の胸元を指さします。

握った両手を甲が見えるように上下に重ねあわせ，手首を内側にひねります。

SANDWICH
サンドイッチ

両手の指を伸ばします。左手に右手をはさんで左右に動かします。

WANT EAT ?
召し上がりますか？

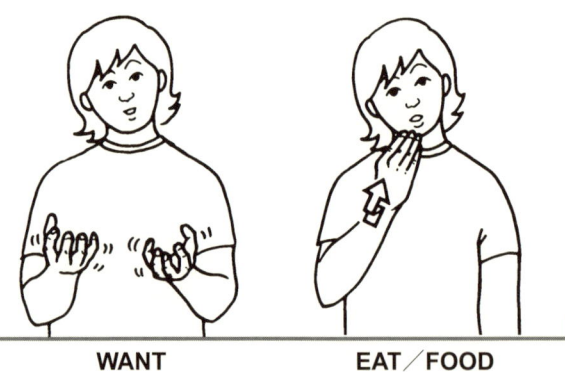

WANT
ほしい／したい

EAT／FOOD
食べる／食べ物

手のひらを上に向けた両手の指先を曲げて，小刻みに動かします。

指先をすぼめた右手を，2回ほど口元にあてます。

10 これはおいしいですね　83

A₂ YES．
ええ。

YES
はい

右手でこぶしをつくり，手首から先を，うなずくように2回，前に振ります。

IT TASTE GOOD！
これはおいしいですね！

THIS／IT
これ／それ

右手のひとさし指で対象を指さします。

TASTE
味わう

指を伸ばした右手の中指を曲げ，2回ほど口元にあてます。

GOOD
良い

口元にあてた手を前方に出します。

使えるアメリカ手話

COOK
調理する

指先を伸ばした右手を，左手のひらの上で，2回ひっくり返します。

BEEF／MEAT
牛肉／肉類

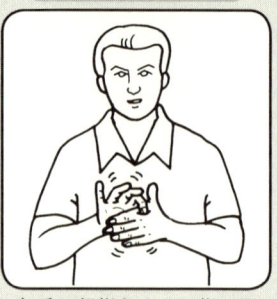

左手の親指と人さし指の間を，右手でつまみます。

FISH
魚類／魚

右手首に左手の指先をあてます。伸ばした右手の指先を左右に振ります。

CHICKEN
鶏肉／鳥

親指とひとさし指を伸ばした右手を口元にあて，指先を開いたり閉じたりします。

SALAD
サラダ

手のひらを上に向け丸くした両手を，上下に動かします。

EGG
卵

ひとさし指と中指を伸ばした両手を重ねて，指先を2回ほど下におろします。

POTATO
じゃがいも

右手のひとさし指と中指を曲げ，左手のこぶしに軽くたたき触れます。

FULL
満腹

指を伸ばした右手を，下の方からあご下に動かします。

11
どんな飲み物がいいですか

A1 **You must be thirsty.**
のどが渇いたでしょう。
Which would you like, coffee or tea?
コーヒーと紅茶,どちらがいいですか?

B1 **Thank you. Coffee, please.**
ありがとう。コーヒーをください。

A2 **Do you care for sugar?**
お砂糖はいれますか?

B2 **No, thank you. I prefer plain coffee.**
いいえ,結構です。ブラックコーヒーの方が好きです。

A1 MAYBE YOU THIRSTY．
のどが渇いたでしょう。

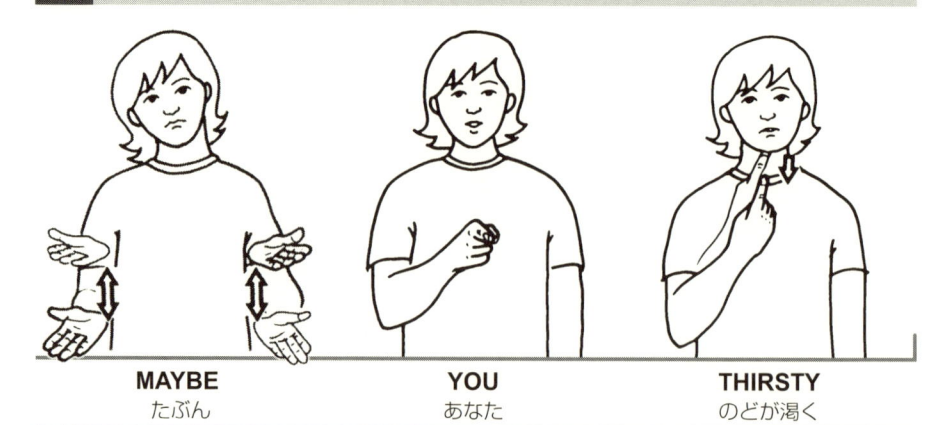

MAYBE	**YOU**	**THIRSTY**
たぶん	あなた	のどが渇く
手のひらを上に向けた両手を，上下交互に動かします。	右手のひとさし指で相手を指さします。	ひとさし指で，のどを上から下になでます。

COFFEE TEA，WHICH？
コーヒーと紅茶，どちらがいいですか？

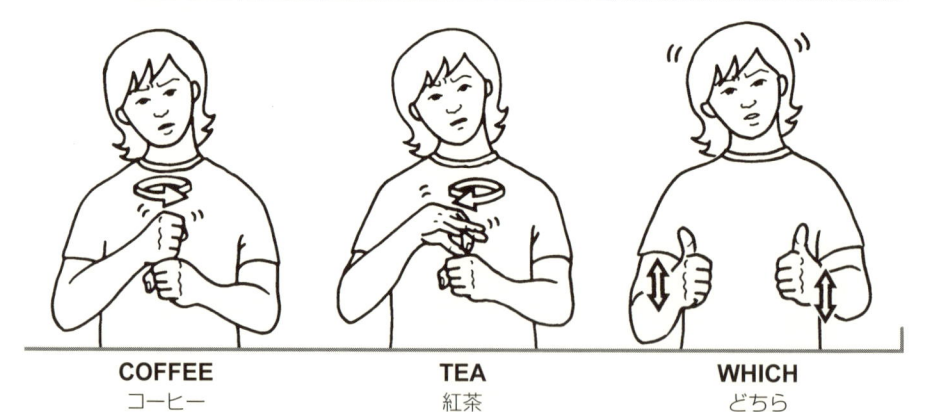

COFFEE	**TEA**	**WHICH**
コーヒー	紅茶	どちら
握った両手を胸の前で上下に重ね，右手を反時計回りに回します。	右手の親指とひとさし指の指先をつけ，握った左手の上で回します。	親指を立てた両手を，上下交互に動かします。

11 どんな飲み物がいいですか

B₁ FINE．COFFEE，PLEASE．
ありがとう。コーヒーをください。

FINE	COFFEE	PLEASE
良い	コーヒー	どうぞ
指を伸ばした手の親指を胸にあて，前方に少し出します。	握った両手を胸の前で上下に重ね，右手を反時計回りに回します。	指を伸ばした手で，胸の前にタテに円を描きます。

A₂ SUGAR WANT？
お砂糖はいれますか？

SUGAR／SWEET	WANT
砂糖／甘い	ほしい／したい
親指，ひとさし指，中指を伸ばした手であごに触れ，2回ほど指先を曲げながら下におろします。	手のひらを上に向けた両手の指先を曲げて，小刻みに動かします。

NO , THANK-YOU .
いいえ，結構です。

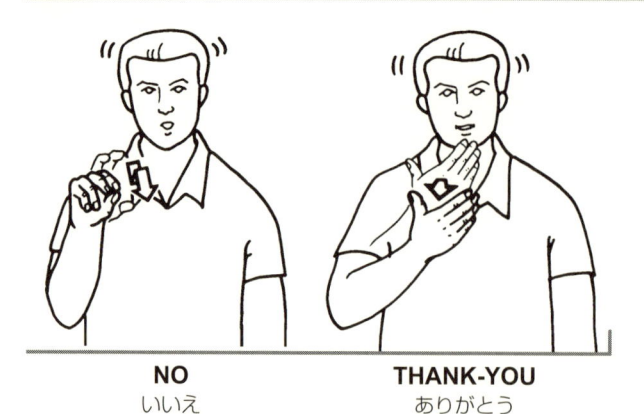

NO	THANK-YOU
いいえ	ありがとう

親指，ひとさし指，中指を伸ばし，2回ほど指先を触れ合わせます。

口元にあてた手を前方に出します。

PREFER BLACK .
ブラックコーヒーの方が好きです。

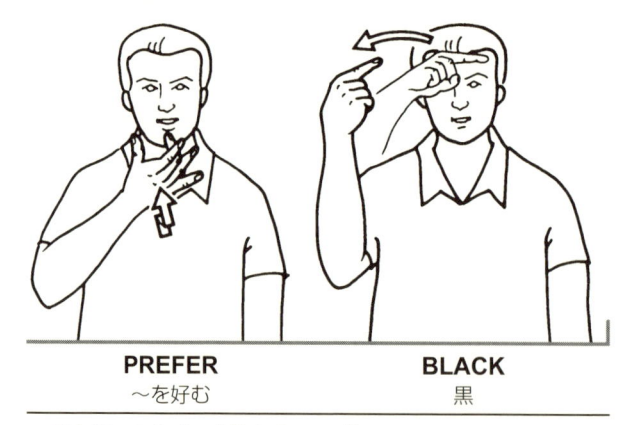

PREFER	BLACK
〜を好む	黒

指を開いた右手の中指を曲げ，2回ほど口元にあてます。

伸ばしたひとさし指を，ひたいの前で横に動かします。

11 どんな飲み物がいいですか

COOKIE
クッキー

指先を曲げた右手を、左手のひらの上で小さく回します。

使えるアメリカ手話

WATER
水

伸ばしたひとさし指、中指、薬指を（指文字のW）、2回ほど口元にあてます。

MILK
ミルク／牛乳

指先を曲げた手を、しぼるように何回か握ります。

COKE
コカコーラ

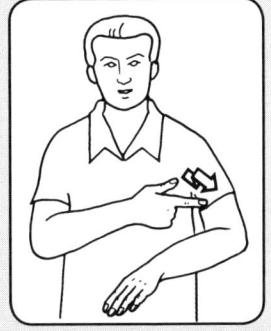

右手の親指とひとさし指を伸ばします。ひとさし指の先で左腕に2回ほど触れます。

BEER
ビール

親指を曲げ4指を伸ばした手で、2回ほどほおをなでます。

GLASS／CUP
グラス／コップ

コップをつかむように丸めた右手を，左手のひらにつけ持ち上げます。

使える
アメリカ
手話

LARGE
大(容量)

両手のひらを向かい合わせ，両手を同時に上下に離します。

MIDIUM
中(容量)

甲を相手に向け倒した左手のひらに，指を伸ばし立てた右手を何回か触れます。

SMALL
小(容量)

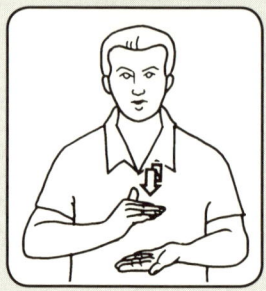

両手のひらを向かい合わせ，右手を少し下にさげます。

12
泳ぎに行きます

A1 I just saw your husband driving a car.
先ほどご主人が運転しているのを見かけました。

B1 He was going to get some food and some drink.
あの人は食べ物や飲み物を買いに行ったんです。

A2 For what?
どうして?

B2 Tomorrow we will go swimming.
明日,私たちは泳ぎに行くんです。

A3 Have fun!
楽しんで来てください!

A₁ JUST SEE YOUR HUSBAND DRIVE.
先ほどご主人が運転しているのを見かけました。

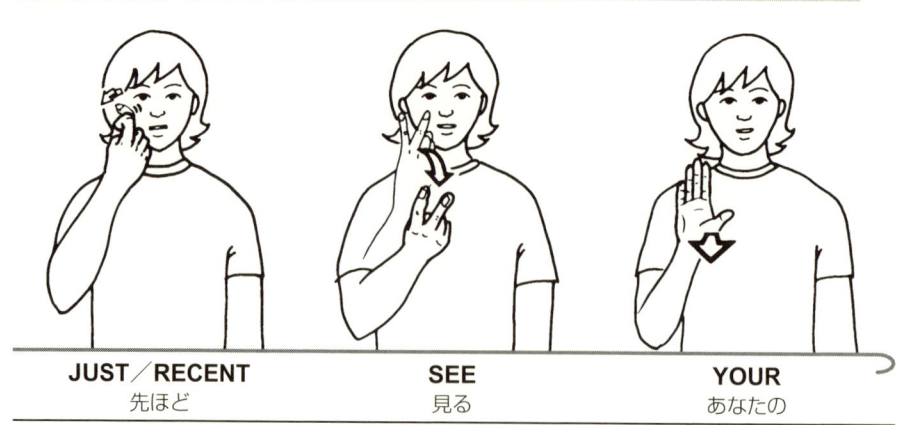

JUST／RECENT
先ほど

手の甲を相手に向けた右手のひとさし指をほおのあたりで何回か曲げます。

SEE
見る

伸ばしたひとさし指と中指を，目元から，前方に動かします。

YOUR
あなたの

手のひらを相手に向け，少し前に出します。

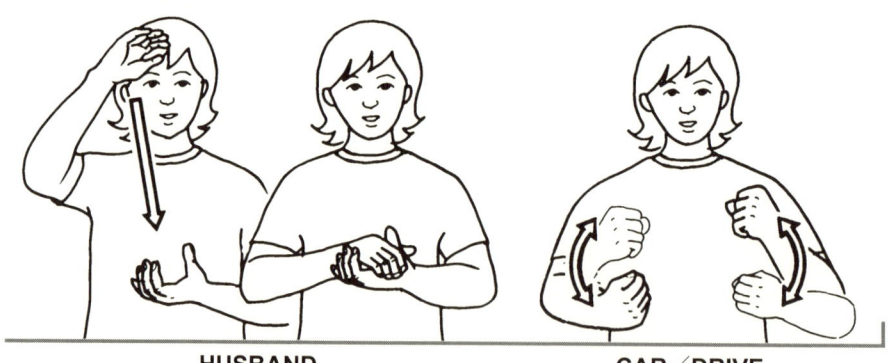

HUSBAND
夫

手のひらを丸くした右手をひたいにつけてから，同じく手のひらを丸くした左手のひらに重ねます。

CAR／DRIVE
車／運転する

軽く握った両手を胸の前にかまえ，上下交互に動かします。

※「昨日」「あとで」など時制を表す単語を使うと過去文や未来文を表していることがわかります。
※時制を表す単語を使わない場合は，会話の内容から判断します。

12 泳ぎに行きます

B₁ HE GET FOOD DRINK．
あの人は食べ物や飲み物を買いに行ったんです。

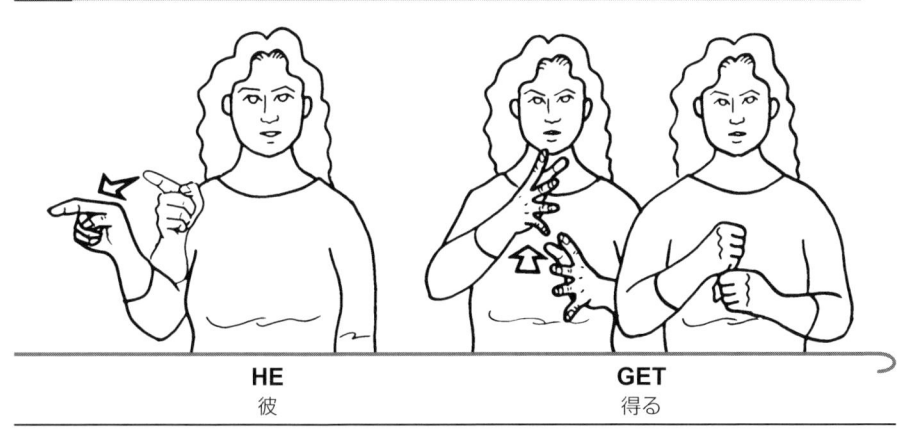

| **HE** | **GET** |
| 彼 | 得る |

右手のひとさし指でななめ横を指さします。

指を広げ段差をつけ向かい合わせた両手を，絞り込むように胸の前で上下に合わせます。

| **FOOD／EAT** | **DRINK** |
| 食べ物／食べる | 飲み物／飲む |

指先をすぼめ口元に2回ほど運びます。

コップなどを持つように丸めた右手を，口元に運びます。

A₂ WHAT-FOR ?
どうして？

WHAT-FOR
どうして

伸ばしたひとさし指をこめかみのところで，前に出しながら手首を2回反転させます。

B₂ TOMORROW WE GO-OUT SWIM．
明日，私たちは泳ぎに行くんです。

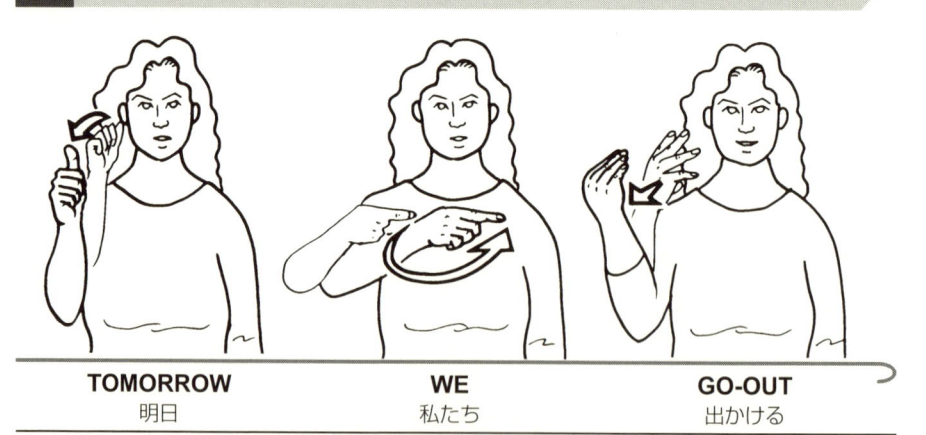

TOMORROW
明日

WE
私たち

GO-OUT
出かける

立てた親指を，ほおのあたりから前に出します。

手前右側から左側に半円を描くように伸ばしたひとさし指を動かします。

顔の横で指を伸ばした右手を，体から離しながら指先をすぼめます。

12 泳ぎに行きます　　95

SWIM
泳ぐ

手のひらを下に向けた両手で，それぞれ小さく水平に円を描きます。

A₃ **ENJOY YOUR-SELF .**
楽しんで来てください。

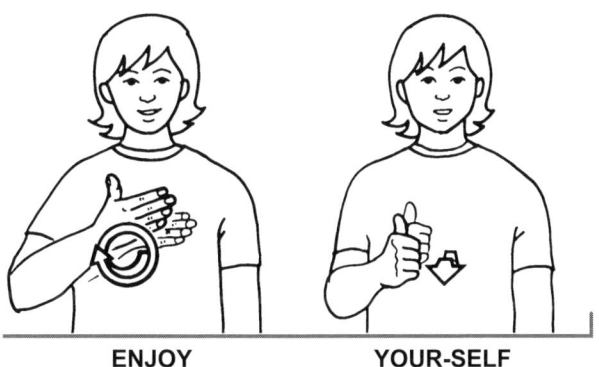

ENJOY
楽しむ

YOUR-SELF
あなた自身

指を伸ばした手で，胸の前にタテに円を描きます。

立てた親指を相手に向かって2回ほど出します。

TODAY
今日

手のひらを上に向け，親指と小指を伸ばした両手を，2回ほど上下させます。

YESTERDAY
昨日

立てた親指をほおのあたりで前から後ろに動かします。

BEFORE
以前

閉じた手を，顔の横で前から後ろに動かします。

FUTURE／WILL
将来／する予定

指先を伸ばした右手を，顔の横から前方に動かします。

WHY
なぜ

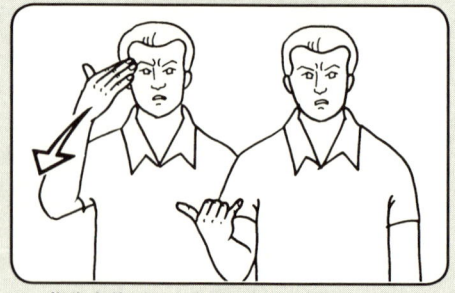

指先を伸ばした右手の指先を額につけます。ひとさし指，中指，薬指を曲げながら，胸の前に下ろします。

12 泳ぎに行きます　97

使えるアメリカ手話

VISIT
遊びに行く／訪問

ひとさし指と中指を伸ばした両手を，上下交互に回します。

SKI
スキー

ひとさし指を曲げた両手を，同時に前に出します。

BUY／GO-SHOPPING
買う／買い物する

指先をすぼめた右手を，左の手のひらに置き，前に出します。

column 6　ろう者をさす英語

　アメリカでは，ろう者を意味するアメリカ手話は1つですが，ろう者を表すのに「deaf」ではなく，頭文字を大文字にした「Deaf」という英語がよく使われます。アフリカ系アメリカ人も，かつて自らのことを表すのに「Black」という単語を使っていました。アメリカ南部の州で長らく差別に苦しんできたアフリカ系アメリカ人は，指導者キング牧師のもと立ち上がり公民権運動を推し進めました。多くの困難を乗り越えて市民権をようやく手にした彼らは，自分たちのことを誇りをもって「Black」と称したのです。

　日常的に差別を経験してきたろう者も，この運動に大きな影響を受けました。これが後，ろう運動につながっています。長い間，手話は言語ではないとみなされ，手話を使用するろう者も軽蔑されてきました。しかし，手話が独自の文法をもつ言語であると立証した研究論文が発表されたことをきっかけに，ろう者は自らの言語として手話を使い，ろう文化（Deaf culture）をもつ自分たちを，「Deaf」と称するようになります。

　一方で，医学的に聴力を損失していても，手話を使わない人に対しては「deaf」という単語が使われます。難聴者や中途失聴者は音声言語を言語的基盤とし，補聴器や人工内耳などによる残存聴力の活用に強い関心を示すといった，ろう者と異なるニーズがあります。

　いまだにろう者に対して無理解な人々やマスコミ関係者などがろう者をさす用語として「deaf and mute」「deaf and dumb」を用いることがあります。いずれも，昔よく使われた用語で，耳が聞こえず，話せない「ろうあ」という意味です。とくに「dumb」には「馬鹿」という意味があるため，ろう者への偏見を増幅するものとして以前から指摘されています。

　最近の傾向としては，ろう文化（Deaf culture）にかわって，「Deafhood」という新語が使われ出しています。また「racism（人種差別主義）」のように，ろう者差別を表す造語として「audism」がつくられました。アメリカのろう者はアイデンティティーを維持しつつ，ろう者のニーズを満たすように常に社会の態度に敏感に反応しているといえるかもしれません。

13
窓を開けてください

A₁ It is hot. Can you open the window for me?
暑いので，私のために窓を開けてもらえますか。

B₁ Sure.
いいですよ。

A₂ Thank you. It is too bright over there.
ありがとう。あそこが明るいので，
Would you please turn off the light?
灯りを消していただけますか。

B₂ The switch is right next to you.
スイッチはあなたのすぐ横にありますよ。

A1 HOT . PLEASE FOR-ME OPEN-WINDOW .
暑いので，私のために窓を開けてもらえますか。

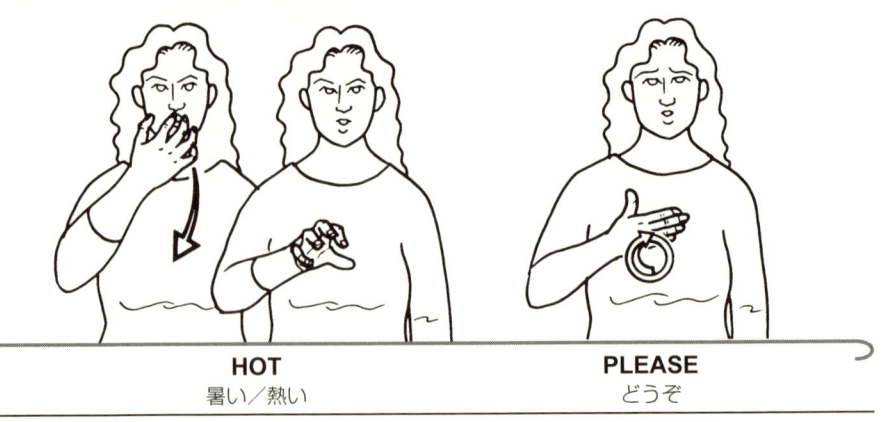

HOT
暑い／熱い

指先を曲げた右手を口元から，胸の前へ動かします。

PLEASE
どうぞ

指を伸ばした手で，胸の前にタテに円を描きます。

FOR
〜のために

伸ばしたひとさし指をこめかみにあて，手首を回し，手のひらを前に向けます。

ME
私

右手のひとさし指で自分の胸元を指さします。

OPEN-WINDOW
窓を開ける

手の甲を相手に向けた両手を上下に重ね，右手を上にあげます。

B1　O-K．
いいですよ。

O-K
いいですよ／了解です

指文字のOとKを表します。

※「CLOSE-WINDOW（窓を閉める）」は，「窓を開ける」と逆の動きをします。
※「OPEN-WINDOW（窓を開ける）」などの動詞を厳しい表情で相手を見つめたまま力をこめて表すと命令文になります。

A₂ THANK-YOU．
ありがとう。

THANK-YOU
ありがとう

指を伸ばした手を，口元にあて前に出します。

BRIGHT THERE．
あそこが明るいので，

BRIGHT
明るい

THERE
そこ／あそこ

指先をそろえた両手を，胸の前で合わせ，手のひらを相手に向けるよう左右に開きます。

右手のひとさし指で対象となる場所の辺りを指さします。

13 窓を開けてください　　103

DON'T-MIND TURN-OFF-LIGHT ?
灯りを消していただけますか。

DON'T-MIND	TURN-OFF-LIGHT
かまわない	灯りを消す
伸ばしたひとさし指を鼻にあててから，前方に出します。	手のひらを下に向け指を伸ばした両手を，上に動かしながら指先を閉じます。

B₂　SWITCH NEAR YOU .
（否定の意味で首を振りながら）スイッチはあなたのすぐ横にありますよ。

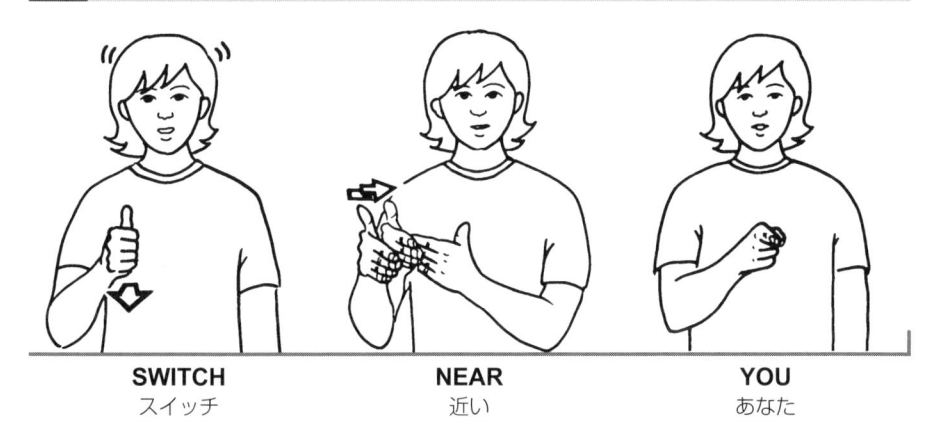

SWITCH	NEAR	YOU
スイッチ	近い	あなた
親指を伸ばした右手を，前に少し出します。押すしぐさです。	手の甲を相手に向けた両手を前後に置き，右手を手前の左手に近づけます。	右手のひとさし指で相手を指さします。

※相手にしてほしいことをていねいに頼むときに，「DON'T-MIND」を用います。
※「TURN-ON-LIGHT（灯りをつける）」は逆の動きでパッと手を開きます。

使えるアメリカ手話

DARK
暗い

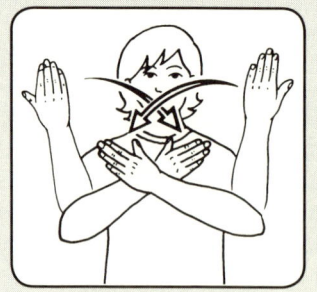

手の甲を相手に向けて立てた両手を，胸の前で同時に交差させます。

※手話のなかに名詞と動詞を同時に表す単語があります。手話の動きをやや細かく繰り返すと名詞となり，動きを大きく表すと動詞になります。

DOOR
ドア

両手のひらを相手に向けます。右手の小指側を相手に向け，また戻します。

OPEN-DOOR
ドアを開ける

両手のひらを相手に向けます。右手を右側に少し移動しながら，小指側を相手に向けます。

CLOSE-DOOR
ドアを閉める

開けると逆の動作です。

CHAIR／SIT-DOWN
椅子／腰かける

両手のひとさし指と中指を曲げます。右手を左手になめに2回ほど重ねます。

PEN／WRITE
ペン／書く

右手の親指をひとさし指の先につけ，左手のひらの上で書くような動作をします。

HURRY
急ぐ

ひとさし指と中指を伸ばした両手を，2回ほど上下に動かします。

14
本をお見せしましょう

A₁ Do you have a sign language book?
手話の本を持っていますか？

B₁ Yes, I do. I will show it to you.
はい，持っています。見せますね。

A₂ This is a good book. Can I borrow it?
これはいい本ですね。借りてもかまいませんか？

B₂ I don't need it. You can have it.
必要ないのでさしあげますよ。

A₁ SIGN BOOK, YOU HAVE YOU?
手話の本を持っていますか？

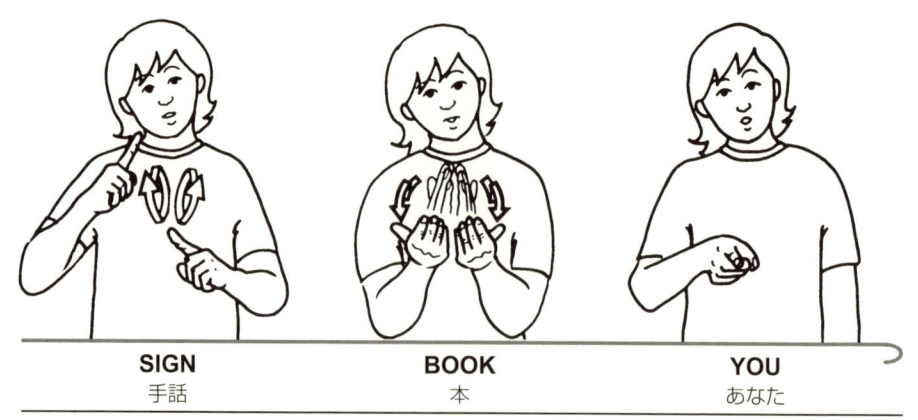

SIGN	BOOK	YOU
手話	本	あなた
ひとさし指を伸ばした両手を，胸の前で上下交互に回します。	指先を伸ばした両手のひらを胸の前で合わせ，2回ほど左右に開きます。	右手のひとさし指で相手を指さします。

HAVE	YOU
持つ／ある	あなた
指先を曲げた両手を胸元に引き寄せます。	右手のひとさし指で相手を指さします。

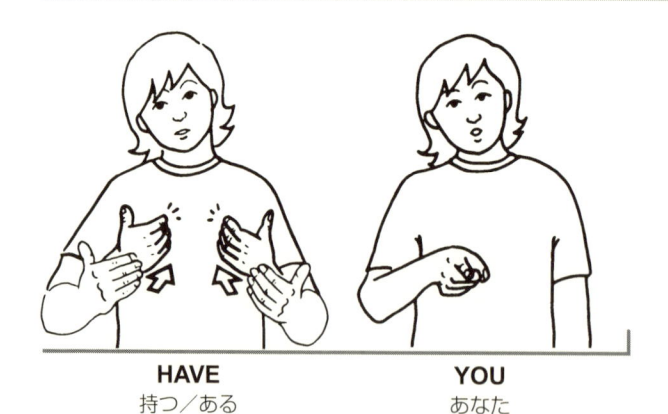

※会話で話題にしたい題材を冒頭に取り上げることを「トピック化」といいます。トピック化されたフレーズ，たとえば「SIGN BOOK（手話の本）」を表したあとに少し間をおいてから続けます。

14 本をお見せしましょう　107

B₁ YES , HAVE .
はい，持っています。

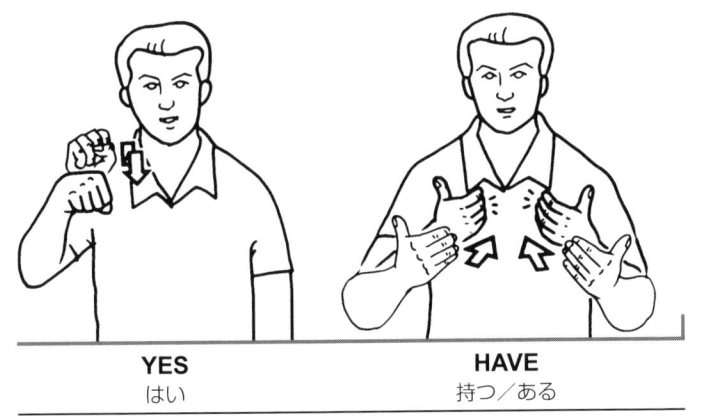

YES
はい

HAVE
持つ／ある

右手でこぶしをつくり，手首から先を，うなずくように2回，前に振ります。

指先を曲げた両手を胸元に引き寄せます。

I-SHOW-YOU .
見せますね。

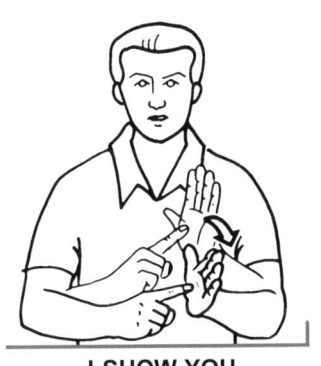

I-SHOW-YOU
（私が）（あなたに）見せる

手のひらを相手に向けた左手に，右手の伸ばしたひとさし指をあて，前に出します。

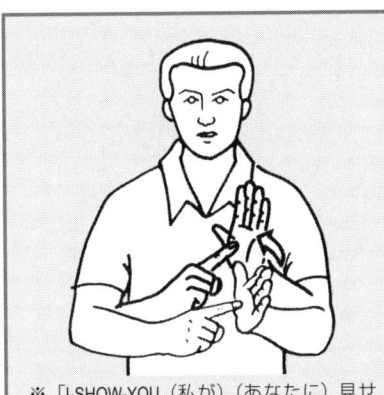

※「I-SHOW-YOU（私が）（あなたに）見せる」の手の形をそのままに，動きを逆にして手前に引き寄せると「YOU-SHOW-ME（あなたが）（私に）見せる」の意味になります。

※上の図のようにアメリカ手話には手話の始点と終点の位置と方向によって主語と目的語を表すことのできる単語があります。「I-GIVE-YOU（私があなたにあげます）」なども同様です。

A₂ BOOK THIS, GOOD.
これはいい本ですね。

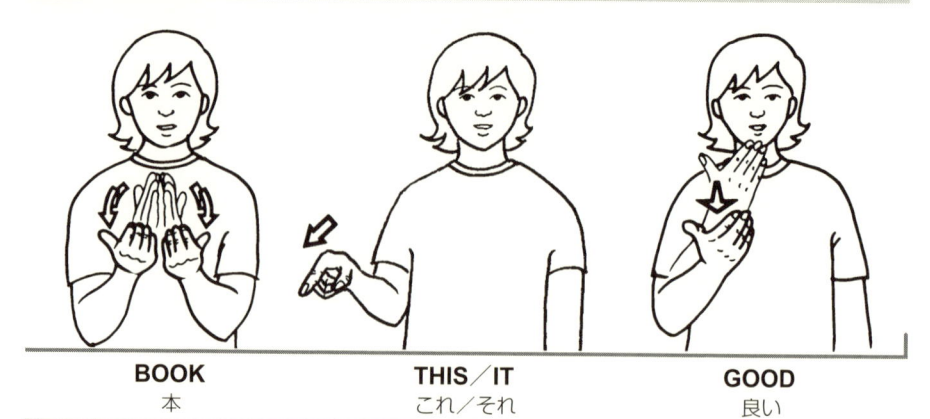

BOOK	THIS／IT	GOOD
本	これ／それ	良い

指先を伸ばした両手のひらを胸の前で合わせ，2回ほど左右に開きます。

右手のひとさし指で対象を指さします。

口元にあてた手を前方に出します。

BORROW?
借りてもかまいませんか？

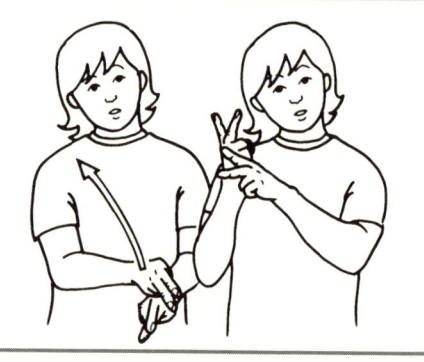

BORROW
借りる

ひとさし指と中指を伸ばした両手をななめに重ね，上に引き上げます。

B2 NOT NEED NOW .
必要ないので

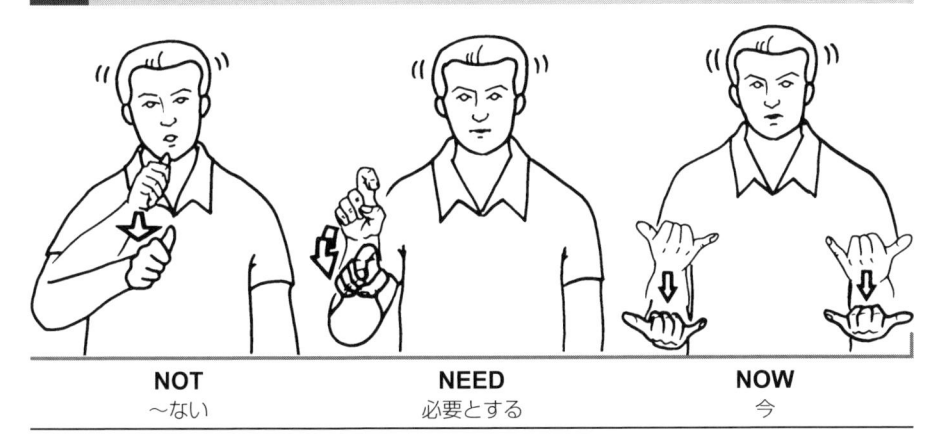

NOT	NEED	NOW
〜ない	必要とする	今

親指を立てた右手であごに触れ，前に出します。

曲げたひとさし指を2回ほど下におろします。

手のひらを上に向け，親指と小指を伸ばした両手を下におろします。

HAPPY I-GIVE-YOU .
さしあげますよ。

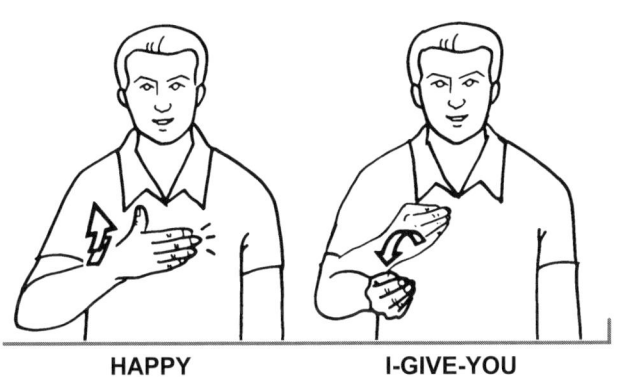

HAPPY	I-GIVE-YOU
幸せ／うれしい	（私が）（あなたに）あげる

指を伸ばした右手を胸元にあてます。2回ほど上下に軽くたたきます。

指先をそろえた右手を胸元から前に差し出します。

110

FLOWER
花

手のひらを丸くした右手で，鼻のあたりに半円を描きます。

使える アメリカ 手話

PAPER
紙／書類／論文

両手の指先を伸ばします。右手で２回ほど左手のひらをなでます。

PICTURE
写真／絵

手のひらで半円をつくった右手を顔の前へかまえてから，立てた左手のひらにあてます。

15
あの人を知っていますか

A₁ You see the old man over there. He is famous.
あそこにいる年輩の男性は有名ですよ。

B₁ How does he look like? Is he in blue clothes?
どんな格好ですか？ 青い服（の人）？

A₂ Yes, he is tall and thin. Do you know him?
そう，背が高くて細い人です。知っていますか？

B₂ No, I don't.
いいえ，知りません。

A₁ SEE HE MAN OLD , FAMOUS HE .
あそこにいる年輩の男性は有名ですよ。

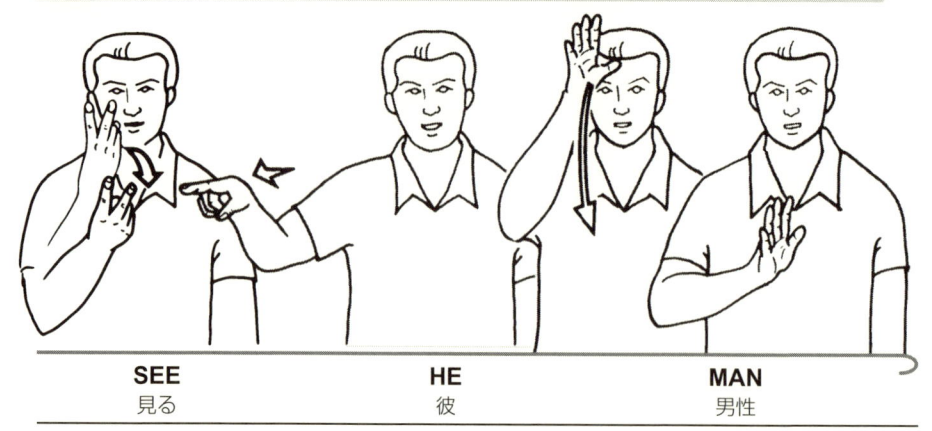

| **SEE** | **HE** | **MAN** |
| 見る | 彼 | 男性 |

ひとさし指と中指を伸ばした右手で，目元から前に出します。

右手のひとさし指で対象の人を指さします。

指を伸ばした右手の親指で，ひたいと胸元に順に触れます。

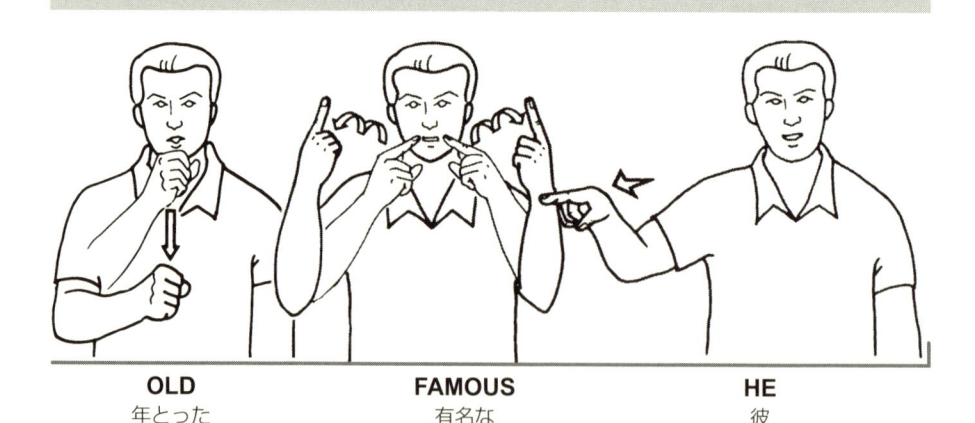

| **OLD** | **FAMOUS** | **HE** |
| 年とった | 有名な | 彼 |

握ったこぶしをあごの下から胸元におろします。

両手のひとさし指を伸ばし，口元から小さな円を描きつつ外に動かします。

右手のひとさし指でななめ横を指さします。

※その場にいる人について話す場合「SEE」の手話を，その場にいない場合「KNOW」の手話を，その人の身体的特徴や性格などを具体的に説明します。

15 あの人を知っていますか

B₁ LOOK-LIKE WHAT？
どんな格好ですか？

LOOK-LIKE	WHAT
〜のように見える	何

親指，ひとさし指，小指を伸ばした右手を顔の前につけ，ひとさし指をひっこめて手首をかえしながら胸元で2回ほど左右に動かします。

両手のひらを上に向け，左右に軽くゆすります。

BLUE CLOTHES？
青い服（の人）？

BLUE	CLOTHES
青	服

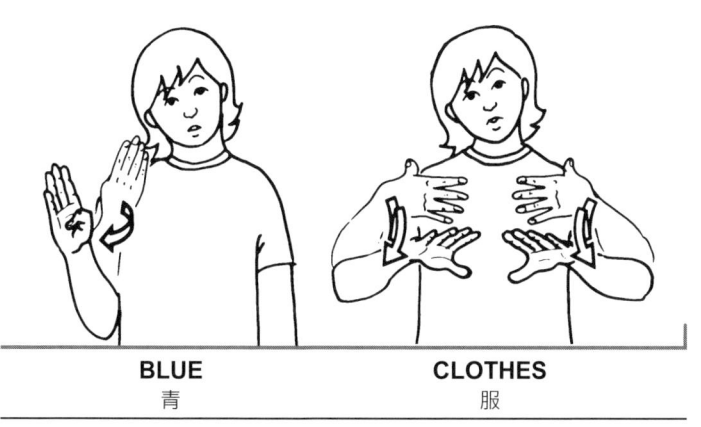

手の甲を相手に向け，4指を伸ばした右手を，手首を返しながら前に出します。

手の甲を相手に向けた両手を，手のひらを下に向けながら2回ほど上下に動かします。

A₂ YES, TALL, THIN.
そう，背が高くて細い人です。

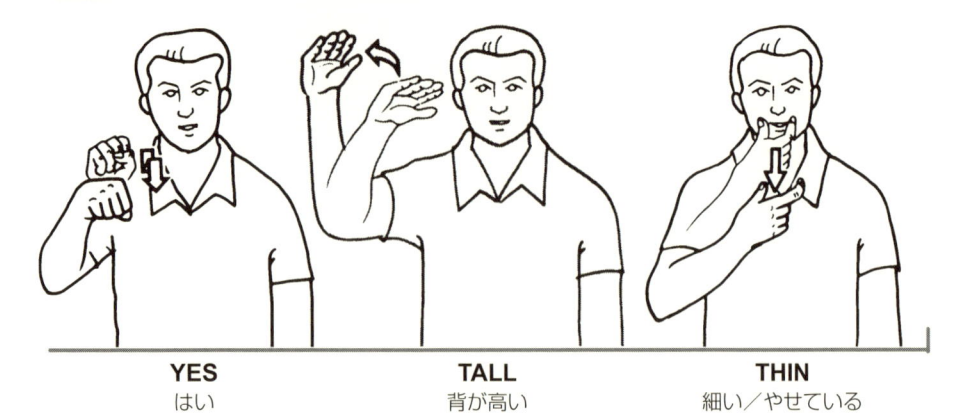

YES	TALL	THIN
はい	背が高い	細い／やせている
右手でこぶしをつくり，手首から先を，うなずくように2回，前に振ります。	手のひらを下に向け，顔の高さに置いた右手を，少し上にあげます。	親指とひとさし指を曲げた右手を，口元から胸元までおろします。

YOU KNOW？
知っていますか？

YOU	KNOW
あなた	知る
右手のひとさし指で，相手を指さします。	指先を伸ばした右手を，ひたいにつけて，2回ほど触れます。

B2 DON'T-KNOW
いいえ，知りません。

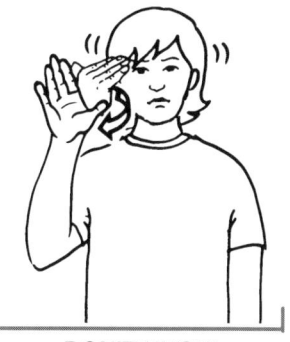

DON'T-KNOW
知らない

指先を伸ばした右手をひたいに触れ，手首を返して手のひらを相手に向けます。

FAT
太っている

指先を曲げた両手を胸元から外側に広げます。

SHORT／SMALL
背が低い／小柄な

手のひらを下に向け、顔の高さに置いた右手を、少し下にさげます。

SMART
頭がいい

右手のひとさし指をこめかみにあて、上に向け立てます。

SHY
内気な

手のひらを丸めた右手の甲で、小さな円を描くようにほおをなでます。

BEAUTIFUL／PRETTY
美しい／きれい

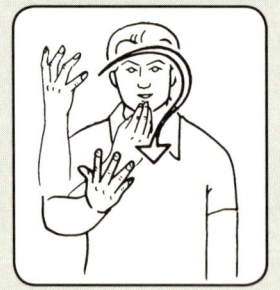

指を曲げた開いた右手で、顔の前で右から左に円を描き、そのまま下におろします。

YOUNG
若い

甲を相手に向け指先を揃えた両手を、胸元から上の方へ2回ほど動かします。

15 あの人を知っていますか

使える アメリカ 手話

RED
赤

伸ばしたひとさし指を曲げながら，口元から下の方へおろします。

WHITE
白

指を開いて胸元にあてた右手を，2回ほどすぼめながら離します。

YELLOW
黄色

甲を相手に向け親指と小指を立てた右手を，2回ほど手首で回します。

GREEN
緑色

親指とひとさし指を横に伸ばした右手を，2回ほど手首で回します。

column 7　情報交換がろう者にとってたいせつ

　アメリカでは，多くのろう者がろう社会と密接なつながりをもちつつ生活しています。学生時代を州立寄宿制ろう学校で幼稚部から高等部まで一緒に学び，共同生活を送っているからです。週末に家が遠方であったり家庭の事情で帰省できない子どももいますが，寄宿舎で友だちやろうの舎監に囲まれているので淋しい思いをすることはあまりありません。夏休みや長期休暇になれば帰省しますが，ほとんどの子どもたちは，自分以外の家族がみな聞こえるという環境で孤独を感じ，早く学校に戻りたいと心待ちにすることが多いのです。ろう学校を自分の家のように思い，先輩，後輩を家族のように思っています。

　卒業後，サークル活動，教会，さまざまな社会活動に参加しますが，同窓会，スポーツ大会，ピクニックなどの社交行事で，初対面のろう者同士では，まずどこの出身か，卒業した学校はどこか，入学年と卒業年，またギャローデット大学などに通ったことがあれば，どの卒業クラスだったかなど，お互いに情報を確認し，それから話題が共通の知人や友人，また個人的なことに広がります。

　またクラスメート，同僚，友人や知人は，はるばる何マイルも離れた所からさまざまな行事にかけつけて，自分のことや共通の友人，またはろう社会に関する情報を交わすことが多いのです。

　昔はろう学校の印刷科で制作された学校新聞，ろう者が自ら編集して発行した新聞が，ろう者にとって何よりの情報源でした。近年のインターネットなどの情報技術の発達がデフクラブの衰退を招いた原因の1つといわれていますが，TTY（キーボード付電話），字幕，電話／テレビ電話リレーサービス，テレビ電話会議など情報メディアが開発され，ろう者に活用されています。さらにネット通信，手話ブログ（Vlog），YOU TUBEなどの手話による動画やビデオチャットの利用も増え，ろう者同士だけでなく聞こえる人もふくめて情報ネットワークが広がりつつあります。

16
いつにしますか

A₁ I go bowling every week. Would you like to join me?
毎週ボウリングをしています。一緒にやりませんか？

B₁ I would not make it on Wednesdays. When?
毎週水曜日はダメなんです。いつですか？

A₂ How about next Friday?
来週の金曜日はどうですか？

B₂ OK. Let's meet at 10:00 a.m.
了解です。では午前10時に。

WEEKLY BOWL．
毎週ボウリングをしています。

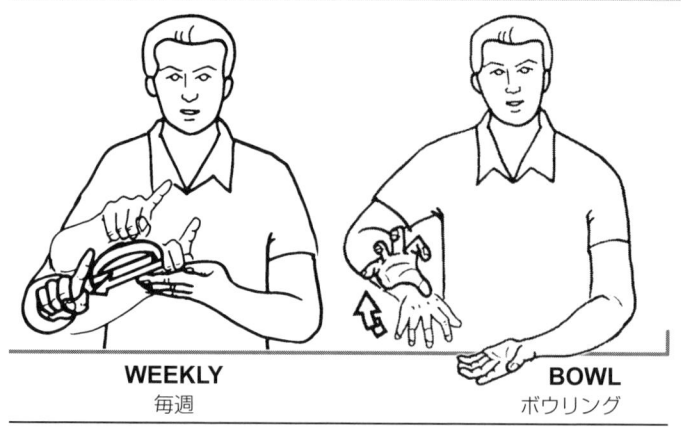

WEEKLY
毎週

BOWL
ボウリング

左手のひらの上で，ひとさし指を伸ばした右手を半円を描くように繰り返し動かします。

手のひらを上に向けた左手の横で，指を曲げた右手を前後に動かします。

WANT JOIN-ME？
一緒にやりませんか？

WANT
〜したい／ほしい

JOIN-ME
（私に）加わる

手のひらを上に向けた両手の指先を曲げたまま，手前に引き寄せます。

右手の人さし指と中指を伸ばし，左手のこぶしに差し入れます。

16 いつにしますか

B1 EVERY-WEDNESDAY I CAN'T .
毎週水曜日はダメなんです。

EVERY-WEDNESDAY	I	CAN'T
毎週水曜日	私	～できない

手の甲を相手に向け、ひとさし指、中指、薬指を伸ばした右手を顔の横から下へ動かします。

右手のひとさし指で自分を指さします。

両手のひとさし指を伸ばします。右手を上から下に振りおろします。

WHEN ?
いつですか？

WHEN
いつ

両手のひとさし指を伸ばし、指先をつけます。右手のひとさし指で、タテに円を描き元の位置に戻ります。

※毎週決まった曜日を表すには「曜日」の手話を上から下へおろします。

A₂ NEXT-WEEK FRIDAY ?
来週の金曜日はどうですか？

NEXT-WEEK
来週

FRIDAY
金曜日

ひとさし指を伸ばした右手を，左手のひらの上から前に動かします。

ひとさし指と親指で丸を作り，残りの指を伸ばした右手を2回ほど回します。

B₂ FINE .
了解です。

FINE
良い

指を伸ばした手の親指を胸にあて，前方に少し出します。

16 いつにしますか

MEET MORNING TIME-10 .
では午前10時に。

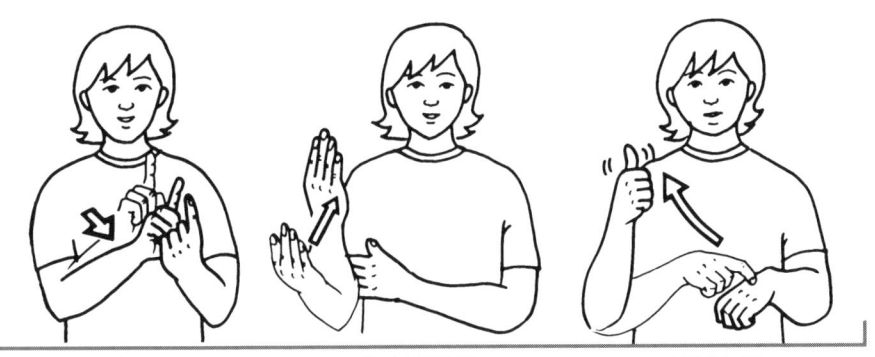

MEET	MORNING	TIME-10
会う	朝／午前	10:00

ひとさし指を伸ばした両手を前後で向かい合わせます。手前の右手を左手に近づけます。

右腕のひじの内側に左手をあてます。右腕をひじから内側に曲げます。

右手のひとさし指で左手首に触れます。右手を上げながら親指を立てて振ります。

使えるアメリカ手話

SUNDAY 日曜日
手のひらを相手に向けた両手を肩の上から下におろします。

MONDAY 月曜日
手の甲を相手に向け，指文字のMで，水平に小さな円を描きます。

※曜日は「日曜日」「木曜日」を除いてすべて英語の頭文字を指文字で表します。

TUESDAY 火曜日
指文字のTで，水平に小さな円を描きます。

THURSDAY 木曜日
ひとさし指と中指を伸ばした右手で，水平に小さな円を描きます。

SATURDAY 土曜日
手の甲を相手に向けたこぶし（指文字のS）で，水平に小さな円を描きます。

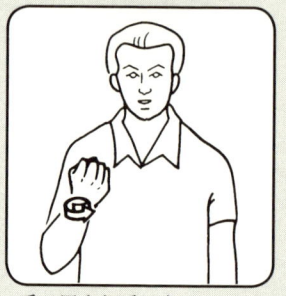

LAST-WEEK 先週
ひとさし指を伸ばした右手を，左手のひらにあて，後ろに動かします。

DON'T-WANT ～したくない
指先を曲げた両手の甲を相手に向け，手首で回し，手のひらを下に向けます。

17
手伝いましょうか

A1 You look busy. Do you need any help?
忙しそうですね。手伝いましょうか？

B1 Yes, thank you very much.
ええ，どうもありがとう。

A2 I will be happy to help you.
喜んで手伝いますよ。

B2 Could you clean the room?
部屋を掃除してもらえますか？

A1 SEEM YOU BUSY．
忙しそうですね。

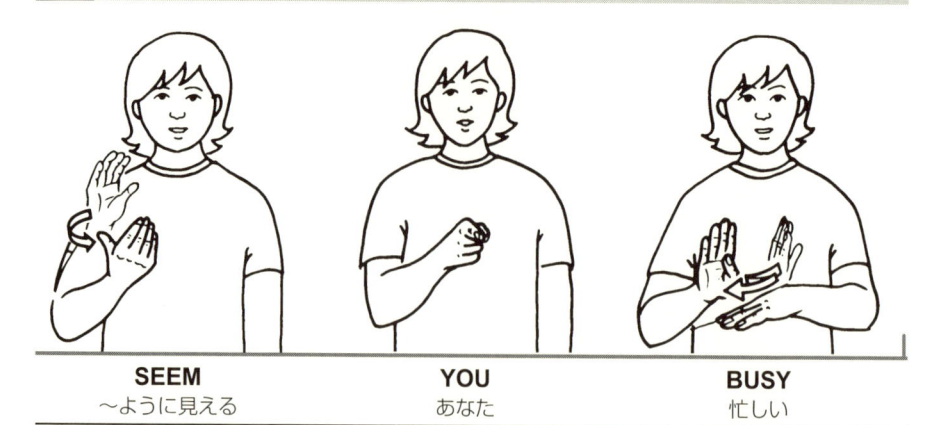

SEEM
～ように見える

手のひらを相手に向け，丸くした右手を，反転させ手の甲を相手に向けます。

YOU
あなた

右手のひとさし指で相手を指さします。

BUSY
忙しい

手のひらを相手に向け4指を伸ばした右手を，手の甲を上に向けた左手の後ろで2回ほど動かします。

NEED HELP？
手伝いましょうか？

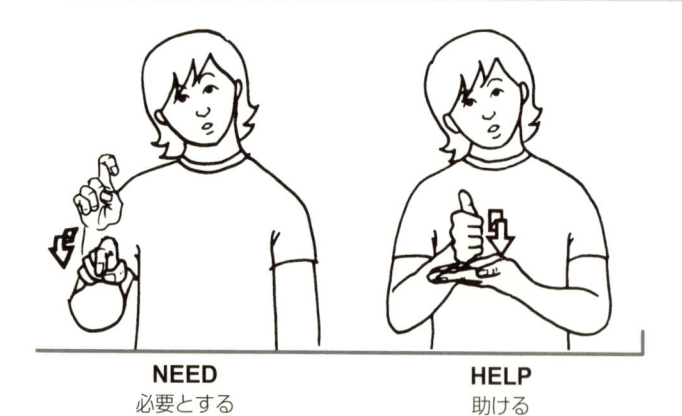

NEED
必要とする

右手のひとさし指を曲げ，2回ほど下におろします。

HELP
助ける

親指を立てた右手を，左手のひらの上で2回ほどあてます。

17 手伝いましょうか

B₁ YES , THANK-YOU .
ええ，どうもありがとう。

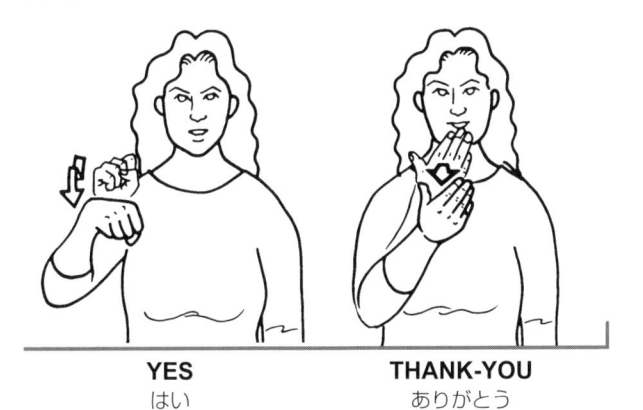

YES	THANK-YOU
はい	ありがとう
右手でこぶしをつくり，手首から先をうなずくように2回，前に振ります。	指先を伸ばした手を，口元にあて前に出します。

A₂ HAPPY I-HELP-YOU .
喜んで手伝いますよ。

HAPPY	I-HELP-YOU
幸せ／うれしい	（私が）（あなたを）助ける
指を伸ばした右手を胸元にあてます。2回ほど上下に軽くたたきます。	親指を立てた右手に，左手を下からあてて前方に出します。

※手伝いが必要なければ「NO, THANK-YOU（いいえ，結構です）」と言って断ります。
※「I-HELP-YOU（私が〔あなたを〕助ける）」は，主語と目的語の関係を示す表現の例の1つです。

B₂ ROOM CLEAN, CAN YOU?
部屋を掃除してもらえますか？

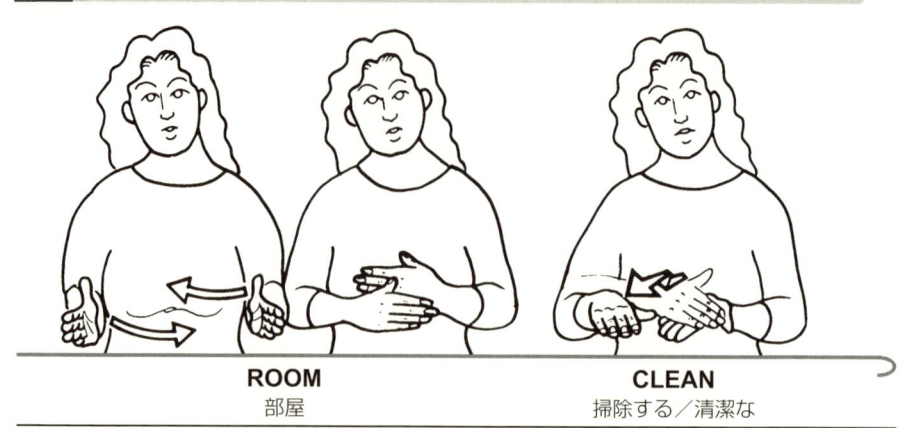

ROOM
部屋

指先を伸ばし肩幅に開いた両手を、前方で箱の形をつくるように移動します。

CLEAN
掃除する／清潔な

両手の指を伸ばします。左手のひらを右手でなでます。

CAN
〜できる

両手のこぶしを、胸の前から下におろします。

YOU
あなた

右手のひとさし指で相手を指さします。

※依頼されたことを引き受ける場合は、「O-K（いいですよ／了解です）」「FINE／SURE（いいですよ）」などと返事します（第13章を参照）。

17 手伝いましょうか

使えるアメリカ手話

TELL　話す／言う

ひとさし指を伸ばした右手であごに軽くふれ，前に出します。

CHOOSE　選ぶ

少し曲げた親指とひとさし指を，指先を閉じながら体に引き寄せます。

ASK　尋ねる／質問

ひとさし指を立てます。指先を曲げながら前に倒します。

DIRTY　汚い／汚れている

あご下で横に構えた右手の指先をバラバラに動かします。

WASH-DISH　皿を洗う

親指とひとさし指で円をつくります。両手の指先を伸ばし，左手のひらの上に，右手で小さな円を描きます。

WASH-MACHINE　洗濯機で洗う

手のひらを丸くした両手を上下に構え，右手で水平に円を描きます。

使える アメリカ 手話

FLOOR / 床

指先を伸ばした両手を胸の前でそろえます。そのまま水平に外に動かします。

DOG / 犬

薬指を小指を曲げた右手の親指と中指を2回ほどすりあわせます。

CAT / 猫

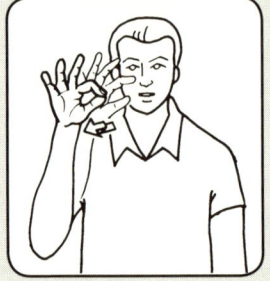

顔の前で親指とひとさし指の指先を合わせながら2回ほど横に動かします。

FEED / 食べ物を与える

指先を合わせた両手を前に2回ほど差し出します。

18
運動していますか

A1 You look healthy. Have you been exercising?
元気そうですね。運動していますか？

B1 Yes! I run everyday. How about you?
そのとおりです！ 毎日走っているんですよ。あなたは？

A2 I really don't like to exercise.
本当に運動が好きではないんです。

B2 You should. How about basketball?
運動するべきですよ。バスケットボールはどうですか？

A₁ LOOK-FACE GOOD YOU .
元気そうですね。

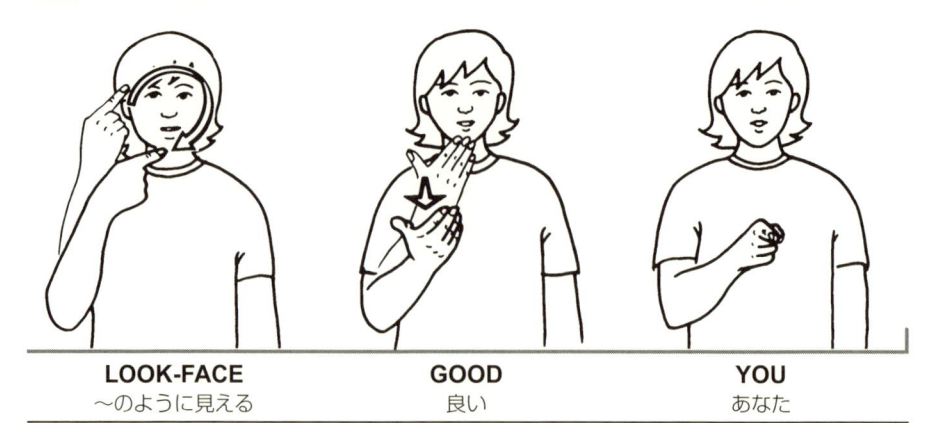

LOOK-FACE	GOOD	YOU
〜のように見える	良い	あなた
伸ばしたひとさし指で、顔の前に円を描きます。	口元にあてた手を前方に出します。	右手の人さし指で、相手を指さします。

EXERCISE YOU ?
運動していますか？

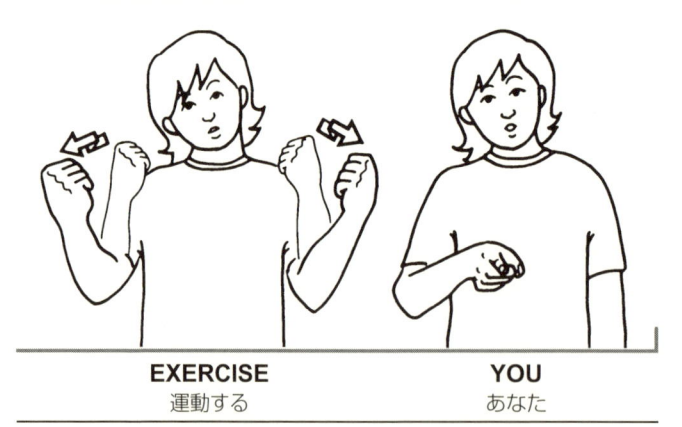

EXERCISE	YOU
運動する	あなた
両手のこぶしを肩にかまえ2回ほど横の方向に動かします。	右手のひとさし指で相手を指さします。

18 運動していますか

B₁ RIGHT！ EVERYDAY RUN I．YOU？
そのとおりです！　毎日走っているんですよ。あなたは？

RIGHT
そのとおりです／正しい

ひとさし指を伸ばした両手を上下にかまえ，右手を左手にあてます。

EVERYDAY
毎日

親指を立てた右手を，顔の横で後ろから前に2回ほど動かします。

RUN ①
走る

親指の先をあわせ，ひとさし指を伸ばした両手を，前に出しながらひとさし指を曲げます。

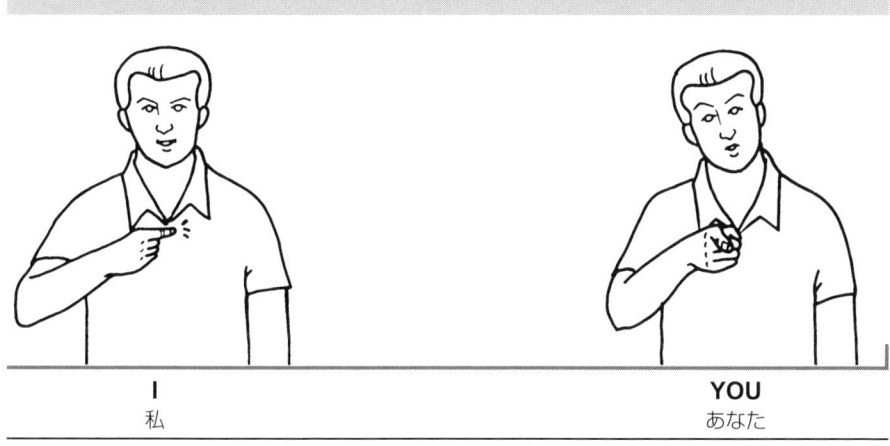

I
私

右手のひとさし指で自分の胸元を指さします。

YOU
あなた

右手のひとさし指で相手を指さします。

REAL NOT LIKE EXERCISE .
本当に運動が好きではないんです。

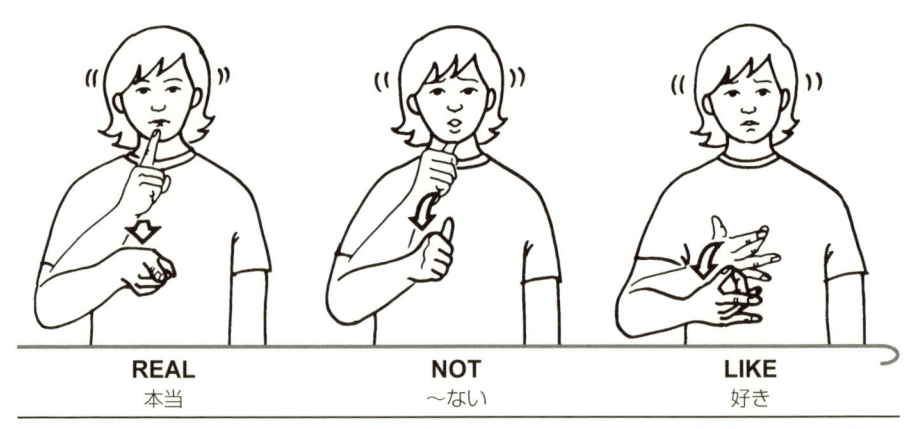

REAL
本当

伸ばした右手のひとさし指で口元に触れ，相手を指さします。

NOT
〜ない

右手の親指を立て，軽くあごにあて，前に出します。

LIKE
好き

指先を伸ばした右手の親指と中指を胸元に触れてから，前に出しながら合わせます。

EXERCISE
運動する

両手のこぶしを肩にかまえ２回ほど横の方向に動かします。

18 運動していますか

YOU SHOULD．
運動するべきですよ。

YOU	SHOULD
あなた	〜すべきである
右手のひとさし指で相手を指さします。	右手のひとさし指を曲げ，2回下におろします。

PLAY BASKETBALL YOU？
バスケットボールはどうですか？

PLAY	BASKETBALL	YOU
（スポーツを）する／遊ぶ	バスケットボール	あなた
両手の親指と小指を伸ばします。体の横で手首で上下に2回ほど動かします。	手のひらを丸くした両手を，ボールを下からなでるように動かします。	右手のひとさし指で相手を指さします。

使えるアメリカ手話

BASEBALL 野球
両手でバットを握り振る動作をします。

VOLLEYBALL バレーボール
両手のひらを相手に向け，上下させます。トスの動作です。

FOOTBALL （米）フットボール
指先を伸ばした両手を，胸の前で組み合わせます。

DANCE ダンス
ひとさし指と中指を伸ばし指先を下に向けた右手を，左手のひらの上で振ります。

RUN ② 走る
両手の親指とひとさし指を伸ばし，向かい合わせ，右手のひとさし指で左手の親指に触れます。触れていない方の指を同時に曲げます。

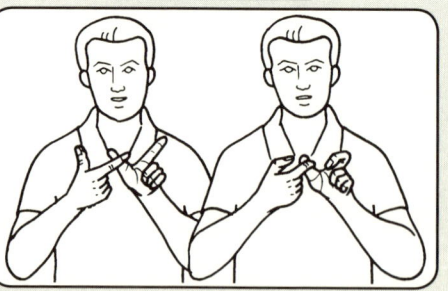

DON'T-LIKE 好きではない
指先を伸ばした右手の中指で胸元に触れ，手首を返し手のひらを下に向けます。

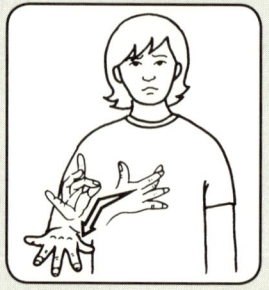

19
体のどこが悪いんですか

A1 I went to see the doctor.
先ほど，かかりつけ医に診てもらいました。

B1 What is the matter with you?
どうしましたか？

A2 Sometimes I felt chest pains.
時々，胸のあたりに痛みを感じていたので。

B2 How do you feel now?
今，気分はどうですか？

A3 I feel better. I have to take pills.
前よりよくなりました。薬を飲まないとね。

A1 JUST I SEE DOCTOR.
先ほど，かかりつけ医に診てもらいました。

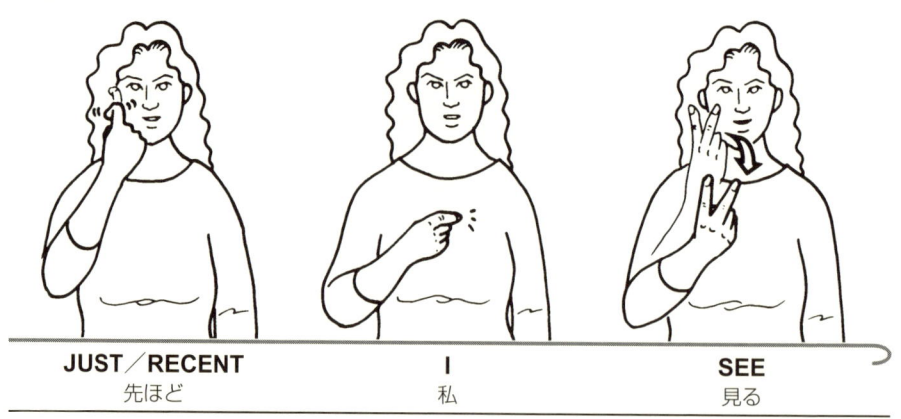

JUST／RECENT
先ほど

手の甲を相手に向けた右手のひとさし指を2回ほど曲げます。

I
私

右手のひとさし指で自分の胸元を指さします。

SEE
見る

ひとさし指と中指を伸ばした右手を，目元から前方に動かします。

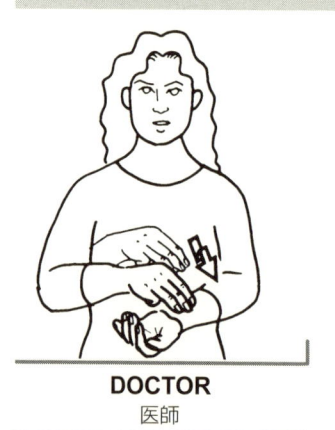

DOCTOR
医師

右手のひとさし指，中指，薬指で，左手首の内側に2回触れます。

※アメリカでは，胃痛や風邪などで「HOSPITAL（病院）」に行くと言うと驚かれます。病院に行くのは重篤な病気の場合であり，まずかかりつけ医師に診てもらうことが多いのです。

19 体のどこが悪いんですか　139

B₁ WRONG？
どうしましたか？

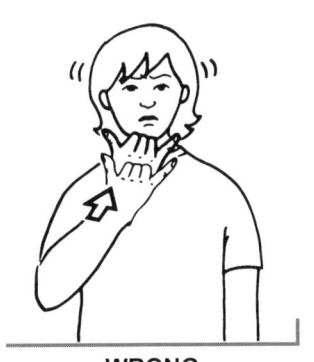

WRONG
正しくない／間違い

手の甲を相手に向け，親指と小指を伸ばした右手をあごにあてます。

A₂ FEEL PAIN-IN-CHEST SOMETIMES．
時々，胸のあたりに痛みを感じていたので。

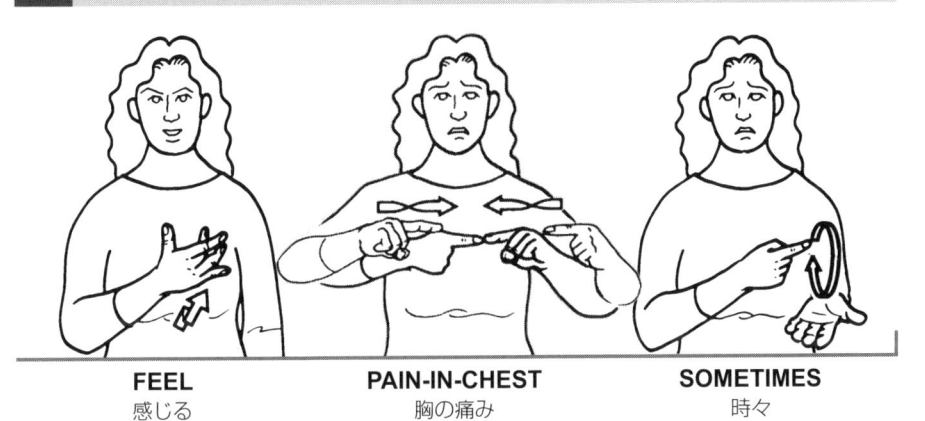

FEEL	**PAIN-IN-CHEST**	**SOMETIMES**
感じる	胸の痛み	時々
指先を伸ばした右手の中指で胸元に2回ほど触れます。	両手のひとさし指を向かい合わせ，手首で回転させながら近づけます。	伸ばした右手のひとさし指を，左手のひらの上でタテに回します。

※頭痛や腰痛などを表す場合，「PAIN（痛み）」の手話を体の悪い部分の近くで表します。

HOW FEEL NOW ?
今，気分はどうですか？

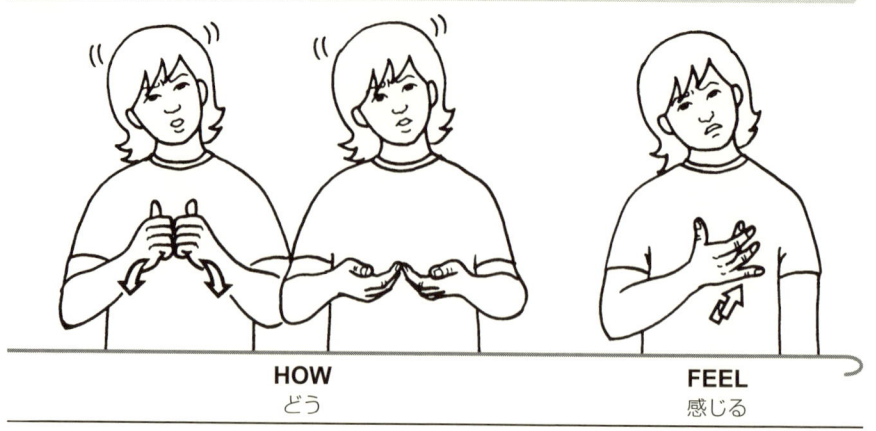

HOW
どう

親指を立てて握った両手を向かい合わせます。前方に倒しながら開きます。

FEEL
感じる

指先を伸ばした右手の中指で胸元に2回ほど触れます。

NOW
今

手のひらを上に向け親指と小指を伸ばした両手を，胸の前で下におろします。

A3　FEEL BETTER.
前よりよくなりました。

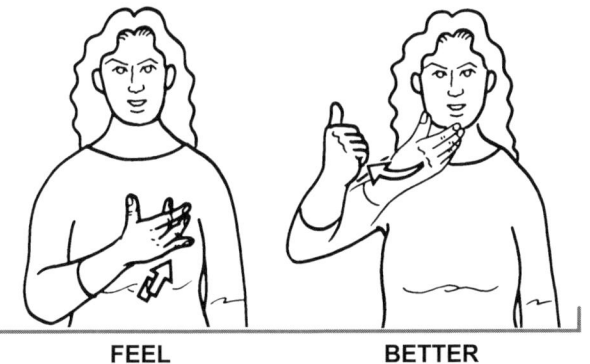

| **FEEL** | **BETTER** |
| 感じる | より良い |

指先を伸ばした右手の中指で胸元に2回ほど触れます。

あごに触れた手を，親指を残した4指を握りながら横に動かします。

TAKE-PILL MUST.
薬（錠剤）を飲まないとね。

| **TAKE-PILL** | **MUST** |
| 薬（錠剤）を飲む | 〜しなければならない |

親指とひとさし指の指先をつけた右手を，指先を開きながら口元に近づけます。

右手のひとさし指を曲げ，下におろします。

使えるアメリカ手話

HEADACHE
頭痛
両手のひとさし指をひたいの前で向かい合わせ，2回ほど近づけます。

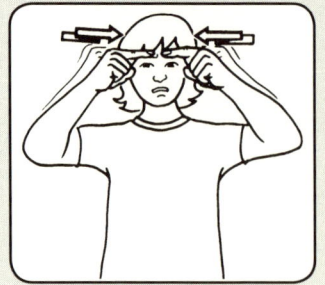

HEAD-COLD
風邪
ひとさし指を曲げた右手を，鼻先から下の方へ2回ほど移動します。

MEDICINE
薬
指先を伸ばした右手の中指を，左手のひらにつけたままゆらします。

SHOT
注射
左腕に右手で注射をする動作をします。

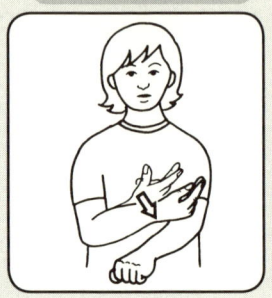

RECOVER / WELL
快復／元気になる
指先を開いた両手で肩に触れ，こぶしをつくりながら外側に動かします。

REST
休養／休息
ななめに合わせた両手を，胸元に引き寄せます。

20
海外旅行に行ったことがありますか

A1 Have you been to Denmark?
デンマークに行ったことがありますか?

B1 No, not yet.
いいえ,まだですが,
But I am going to Canada next spring.
今度の春,カナダに行くつもりです。

A2 How long are you going to stay there?
滞在はどれくらいの予定ですか?

B2 Two weeks. I am looking forward to it.
2週間です。とても楽しみにしています。

A1 TOUCH FINISH DENMARK YOU ?
デンマークに行ったことがありますか？

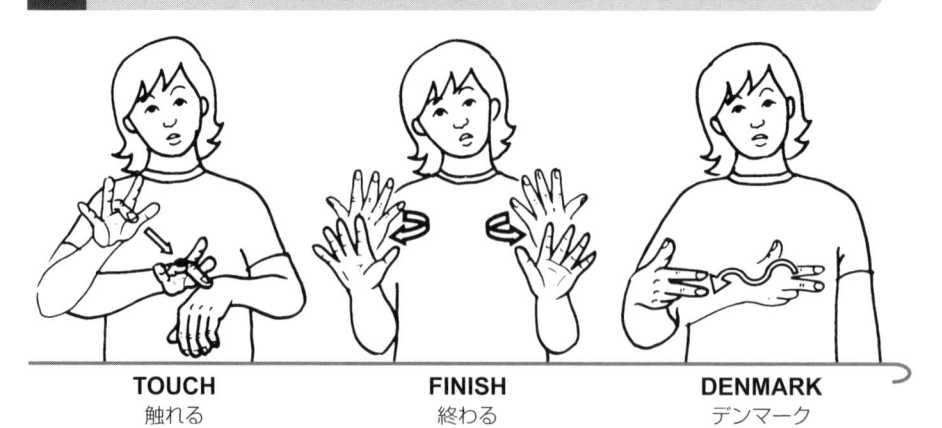

| **TOUCH** | **FINISH** | **DENMARK** |
| 触れる | 終わる | デンマーク |

指先を伸ばした右手の中指で，左手の甲に触れます。

手の甲を相手に向け，指を開いた両手を，手のひらが相手に向くように回します。

親指，ひとさし指，中指を伸ばした右手を，左から右に波を描くよう動かします。

YOU
あなた

右手の人さし指で相手を指さします。

※「FINISH」は過去のある行動を完了したという意味だけでなく，経験を意味するのに使われます。

20 海外旅行に行ったことがありますか　145

B1　**NOT-YET. FUTURE SPRING FLY CANADA.**
いいえ，まだですが，今度の春，カナダに行くつもりです。

NOT-YET
まだ〜ない

右手を，ウエストの横で前後に振ります。

FUTURE／WILL
将来／〜するつもり

指先を立てた右手を，顔の横から前方に出します。

SPRING
春

指先をすぼめ上に向けた右手を，左手を通しながら開きます。

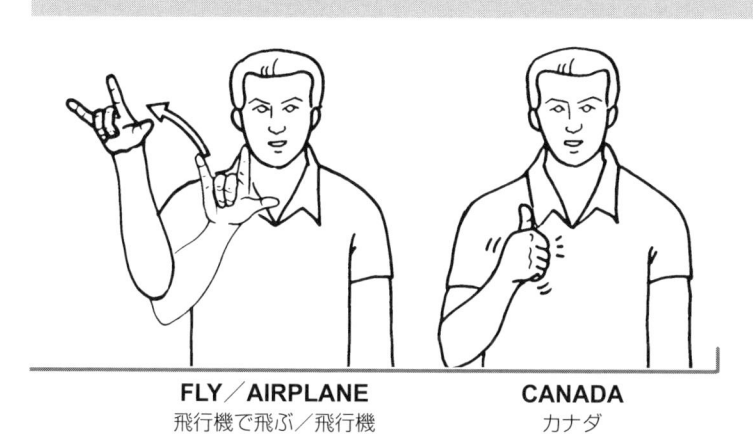

FLY／AIRPLANE
飛行機で飛ぶ／飛行機

親指，ひとさし指，小指を伸ばした右手を，手前からななめ上に動かします。

CANADA
カナダ

親指を立てた右手を右胸に軽くたたきます。

A₂ STAY HOW LONG？
滞在はどれくらいの予定ですか？

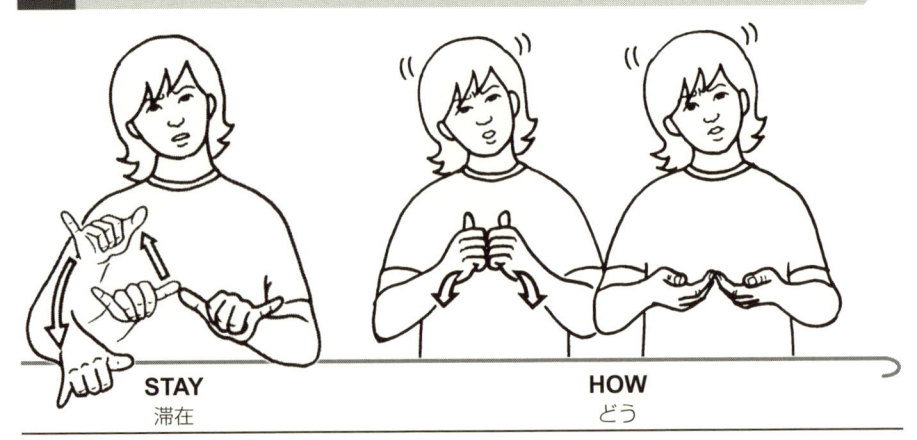

STAY
滞在

親指と小指を伸ばした両手の親指を合わせます。右手を上にあげて，前におろします。

HOW
どう

親指を立てて握った両手を向かい合わせます。前方に倒しながら開きます。

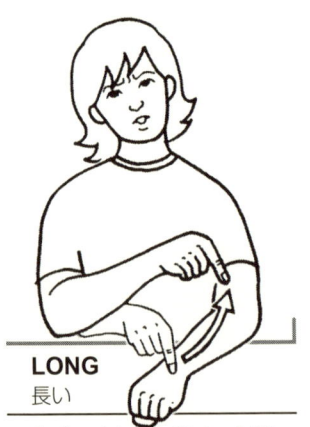

LONG
長い

右手のひとさし指で，左腕の手首からひじまでなぞります。

20 海外旅行に行ったことがありますか

B2 **TWO-WEEK .**
2週間です。

TWO-WEEK
2週間

ひとさし指と中指を伸ばした右手で，左手のひらの上をなでます。

I CAN'T WAIT .
とても楽しみにしています。

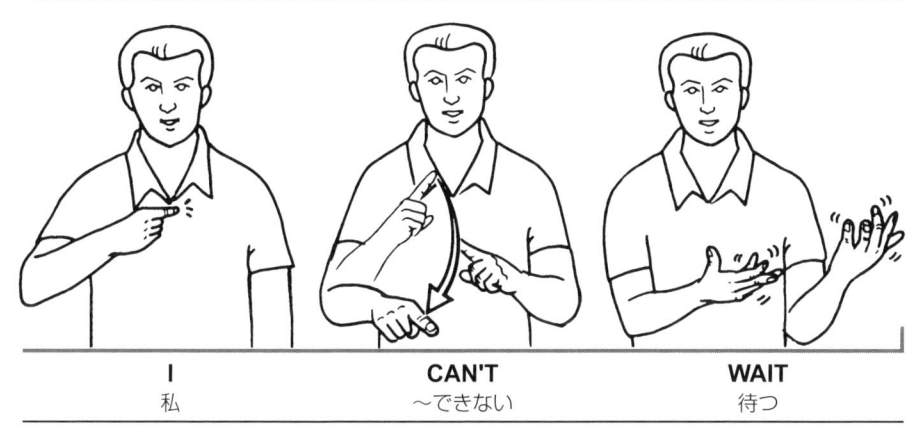

I	CAN'T	WAIT
私	〜できない	待つ

右手のひとさし指で自分の胸元を指さします。

両手のひとさし指を伸ばします。右手を上から下に動かします。

手のひらを上に向けた両手の指先をバラバラに動かします。

WORLD
世界

両手のひとさし指，中指，薬指を伸ばします。左手を中心に右手でタテに円を描きます。

EUROPE
ヨーロッパ

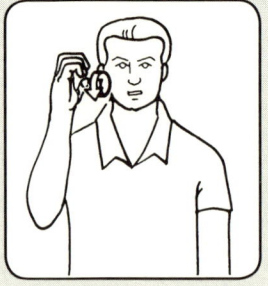

指先を曲げた右手（指文字のE）で，顔の横にタテに円を描きます。

COUNTRY
国

手の甲を相手に向け，親指と小指を伸ばした右手で，左腕のひじの部分に円を描きます。

TRAVEL
旅行

ひとさし指と中指で，前方に向かって曲線を描きます。

NEVER
1度も〜ない

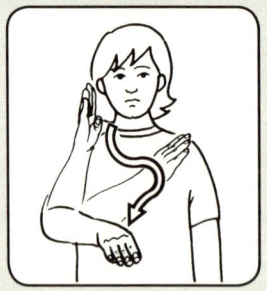

指先を伸ばした右手を，右横，左横，下方へと流れるように動かします。

VACATION
休暇

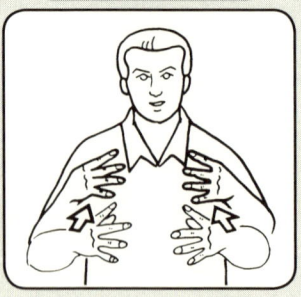

指先を伸ばし開いた両手の親指を，脇のあたりにつけます。

20 海外旅行に行ったことがありますか

使える アメリカ 手話

MONTH 月
両手のひとさし指を，左をタテ，右を横に組み合わせ，右手を下におろします。

YEAR 年
両手のこぶしを，右手を上，左を下に合わせ，右手をタテに1周回します。

SUMMER 夏
ひとさし指を伸ばした右手を，ひたいの前で横に動かし，ひとさし指を曲げます。

AUTUMN／FALL 秋
左手を胸元につけます。4指を伸ばした右手を，左腕につけ下におろします。

WINTER／COLD 冬／寒い
両手でこぶしをつくり，胸の前で小さく振ります。

使えるアメリカ手話

13　14
15　16　17　18
19　20　21　22
23　24　25　30
50　100　1000

※ 1〜5の数字は，p.47 を参照してください。
※ 6〜12の数字は，p.77 を参照してください。

column 8　ろう者の言語としてのアメリカ手話

　多くのろう学校が手話法から口話法へと流れていくなかで，1864年創立以来，手話を用いた教育を続けていたギャローデット大学では，1960年代頃，口話と手話を同時に使ってコミュニケーションを行う「同時法（Simultaneous Communication）」が用いられていました。当時は，手話が言語学的に認知されておらず，現在のように「アメリカ手話」でなく，単に「手話」と呼ばれていました。

　1970年代には，ろう児の学力や言語力を向上させるために，手話や補聴器などあらゆる方法を用いてコミュニケーションをはかる「トータルコミュニケーション」の理念がろう学校で採用されるようになり，初めて手話の使用が容認されることになりました。

　1980年代になると，ろう児の英語力を改善するために，英語の語順に合わせて手話を表す，たとえば，SEE（Signing Exact English），MCE（Manually Coded English），キュードスピーチなど手指英語が工夫されました。しかし，これらの手話はいずれも，ろう児にとって第二言語である英語をもとにしていたため，思ったほど効果がありませんでした。

　創立以来，聞こえる人が学長職についていたギャローデット大学で，1988年初めて学生が学長にろう者を任命することを要求し，大学を一時閉鎖に追い込んだ抗議運動が起こりました。その様子が国内外のマスコミで報じられたとき，報道陣に向かって「なぜ学長がろう者でなければいけないのか」と学生代表が手話通訳を通して理路整然と手話で説明したことによって，言語としてのアメリカ手話の存在を世界中に知らしめることになったのです。

　現在，主なろう学校では，ろう児の第一言語であるASL（アメリカ手話）により教育を行い，英語は読み書きで習得させるバイリンガル教育を行っています。ギャローデット大学も，英語とASLの併用を表明しています。

column 9　想像力を伸ばす手話ゲーム

　アメリカ手話を使ったゲームはいくつかあり，遊びや手話学習の中で，子どもたちが，個人またはグループで，ゲームを通して想像力を養い，表現力を競い合うろう学校も少なくありません。

　とても簡単なのは，指文字を使って順にABCを1つずつ表しながら物語をつくっていく「ABC物語」ゲームです。たとえば「A」の指文字でドアをたたく仕草をし，次の指文字「B」はドアが開く様子を表し，「C」の指文字で「捜す（LOOK-FOR）」の手話を表すというふうに次から次へとつなげていき，「私はドアをノックしたら，ドアが開いた。そして部屋の中を捜すと……」のように1つの物語を表していきます。

　また，1から順に数字を使って物語を作ることもできます。アメリカ手話では，数字が，手話や身振り，一部の指文字と似通った形が多いので，それを利用して物語をつくります。たとえば，「1」の数字は「私（I）」「あなた方（YOU）」「行く（GO）」などに応用し，「2」の数字の場合は「SEE（見る）」「VISIT（遊びに行く／訪問）」を表すことができます。

　本書では触れませんでしたが，クラシファイヤー（Classifiers：CL）という，アメリカ手話において欠かせない文法的な要素があります。日本語では分類辞と呼ばれていますが，対象の位置と行動を同時に示したり，大きさや形状を表す手の形です。ゲームにこのCLを活用することも可能です。たとえば，コップを意味するCLの1つである指文字の「C」で，「DRINK（飲む／飲み物）」や「CUP（コップ）」を示し，相手に渡す，テーブルの上におく，など仕草で表現することもできます。

　アメリカ手話に慣れてきたら，手話ゲームで練習して手話力を磨きましょう。

推薦のことば

　私が初めて土谷道子さんにお会いしたのは，今から20年ほど前でした。留学を終えて帰国したばかりの私は，アメリカ人と同じに巧みにASL（アメリカ手話）を使う土谷さんを見て驚嘆しました。しばらくして関西方面にもASLを教えている女性がいることを知りましたが，当時日本のなかでASLを知っている人は十指にも満たない状態だったようです。

　その後，アメリカに留学しASLを学んだ人たちが集まり，日本ASL協会を発足させたのが1988年6月のことでした。私たちはなんとかASLを広めたいと思い，福祉関係の部屋を借りて昼夜各1クラスを作り，10人くらいの生徒に教えはじめたものの，適当なテキストもなく，それぞれの講師が独自に工夫して教えていました。取り寄せたアメリカのASLの本は，アメリカの聞こえる人を対象にしたものがほとんどでした。それで生徒が増えるにつれ，日本人に合わせたテキストを作りたいと話し合ったものの，そのためには大きな知力，労力を必要とすることもあり，なかなか手がつけられない状況が続きました。

　土谷道子さんは世界で唯一ろう者のために創られたギャローデット大学で学ばれ，一般のアメリカ人の文化とともにろう者の文化をしっかり身につけて帰国されました。その後日本ASL協会の2代目会長となってからは，ASLの講師をつとめる傍ら，ASL通訳養成講座を開設，運営に力を注がれました。

　土谷道子さんの教養講座『日本人はなぜ英語を間違えやすいのか』では，一番大切なことはきちんと文法を覚え，英語圏の文化を理解することですと話されました。

　土谷道子さんは当協会会長他，聴力障害者情報文化センターにも籍を置き，また，当時の財団法人全日本ろうあ連盟下の日本手話研究所にも所属，国際協力事業団（JICA）のアジア・大洋州ろう者リーダー研修にも通訳者として協力，それらの経験をもとに教養講座『アジアのろう者事情』をたちあげ，世界ろう連盟（WFD）の活動を通じて日本とアジアのろう者の結びつきなどを話されました。こうして国内のみならず広く国際交流の仕事をこなされ多忙を極

めておられました。

　そのなかで特筆すべきことは，もともと日本語，日本手話という言語文化に造詣が深いうえ，さらに留学や国際交流を通して英語，ASLなどの言語文化教養を身につけられたので，それが数少ない手話通訳者（ASLからJSL，またはJSLからASL）として活かされ，天性の才能を発揮されたのでした。

　十分のお働きをなされた後，激務から解かれた土谷さんは，長年心にかかっていたASLのテキスト作りに着手され精魂を傾けてこられました。そしてここに広く日本人（聞こえない人も聞こえる人も）のためのASLの本を立派に完成されました。この快挙に心からの賛辞を捧げ拍手を送ります。

　土谷さんが創設者のおひとりであられる日本ASL協会は，現在は特定非営利活動法人（NPO）としていまも活動を続け，土谷さんには通訳者や講義など，今も事業にご協力を頂いております。

　常に尊敬の対象であった土谷さんが，この後も豊富な経験と卓越した英知をもってさらに高度なASLの本を作成されますよう願ってやみません。

2009年9月

NPO法人　日本ASL協会

会長　大森　節子

編集部注）JSL＝日本手話

日本ASL協会
Japanese ASL Signers Society

〈ご紹介〉

　日本ASL協会は，主に日本国内においてASL（アメリカ手話言語）に興味をもち，学習したいという方に学習の機会を設け，アメリカのろう文化，歴史，社会的背景などを知るための企画を作り，実施しております。

　国際手話を使うコミュニケーションに関する講座も随時開催し，海外の聴覚障害者との情報交換および交流なども行えるように啓発活動にも力を入れ，海外交流促進に役立つよう取り組んでおります。

　2004年からは，アメリカの高等教育機関で学びたい聴覚障害者の奨学金助成制度として日本財団聴覚障害者海外奨学金事業を開始しました。

　国内外の各種関係団体，高等教育機関との連絡調整及び協力関係を築き，NPO法人として，聞こえない人の言語としての手話と生活文化の啓発に努めるなど，幅広く活動しております。

〈事業ご案内〉
・ASL常設講座（4月と10月に新規講座を開講）
・国際手話関連講座（随時）
・アメリカ文化・ろう文化などに関する講演会・ワークショップ，交流会など開催
・ASL講師・通訳派遣
・日本財団聴覚障害者海外奨学金事業
・会員への会報発行（年6回）
・その他聴覚障害者の海外交流に関する様々な事業

〈所在地〉
〒102-0072　東京都千代田区飯田橋3-3-11　飯田橋ばんらいビル701
NPO法人 日本ASL協会
TEL/FAX：03-3264-8977　E-mail：office@npojass.org　http://www.npojass.org
※電話での対応が難しいので，できるだけメール，または，FAXにてお問い合わせください。

〈開室時間〉（日曜日，月曜日，祝日はお休み）
火曜日～金曜日　　午前11時30分～午後9時
土曜日　　　　　　午前10時～午後6時

アメリカ手話に関する情報

　国内では，日本ASL協会をのぞいて，アメリカ手話講座・講習会を定期的に実施しているサークル団体を検索するのは容易ではないようです。

国内でアメリカ手話の講義を開講している大学

名古屋外国語大学
〒470-0197　愛知県日進市岩崎町竹ノ山57
http://www.nufs.ac.jp/index.html

筑波技術大学　産業技術学部
〒305-8520　茨城県つくば市天久保4-3-15
http://www.tsukuba-tech.ac.jp/index.php

日本社会事業大学　文京キャンパス
「手話による教養大学」（聴覚障害者大学教育支援プロジェクト）
（日本社会事業大学の学生だけではなくどなたも受講できる公開講座）
〒112-0002　東京都文京区小石川5-10-12
E-mail：projectd@jcsw.ac.jp　FAX：042-496-3101
http://deafhohproject.com/college/

鳥取大学
〒680-8550　鳥取県鳥取市湖山町南4-101
http://www.cjrd.tottori-u.ac.jp/seeds_cgi/disp.cgi?data_num=20110509192651

アメリカ手話に関する講義を開設しているアメリカの大学

ギャローデット大学（世界唯一のろう者のための教養課程総合大学）
http://www.gallaudet.edu/about

ロチェスター工科大学／全米聾工科大学（ろう者のための理工系大学）
http://www.ntid.rit.edu

ロチェスター大学
　http://www.sas.rochester.edu/asl/

カリフォルニア州立大学ノースリッジ校
　ろう研究：https://catalog.csun.edu/academics/deaf/courses/

カリフォルニア大学ロサンゼルス校
　https://ccle.ucla.edu/blocks/ucla_browseby/view.php?term=12F&type=course&subjarea=ASL
　http://catalog.registrar.ucla.edu/ucla-catalog2017-591.html
　（2017-18年度　科目カタログより）

オーロニ大学
　ろう研究／アメリカ手話：https://www.ohlone.edu/deafstudies/asl

アメリカ手話に関する動画サイト（英語版）

American Sign Language University
　http://www.lifeprint.com

HandSpeak
　https://www.handspeak.com

※ホームページのアドレスは変更される場合もあります。

（2018年6月現在）

指文字

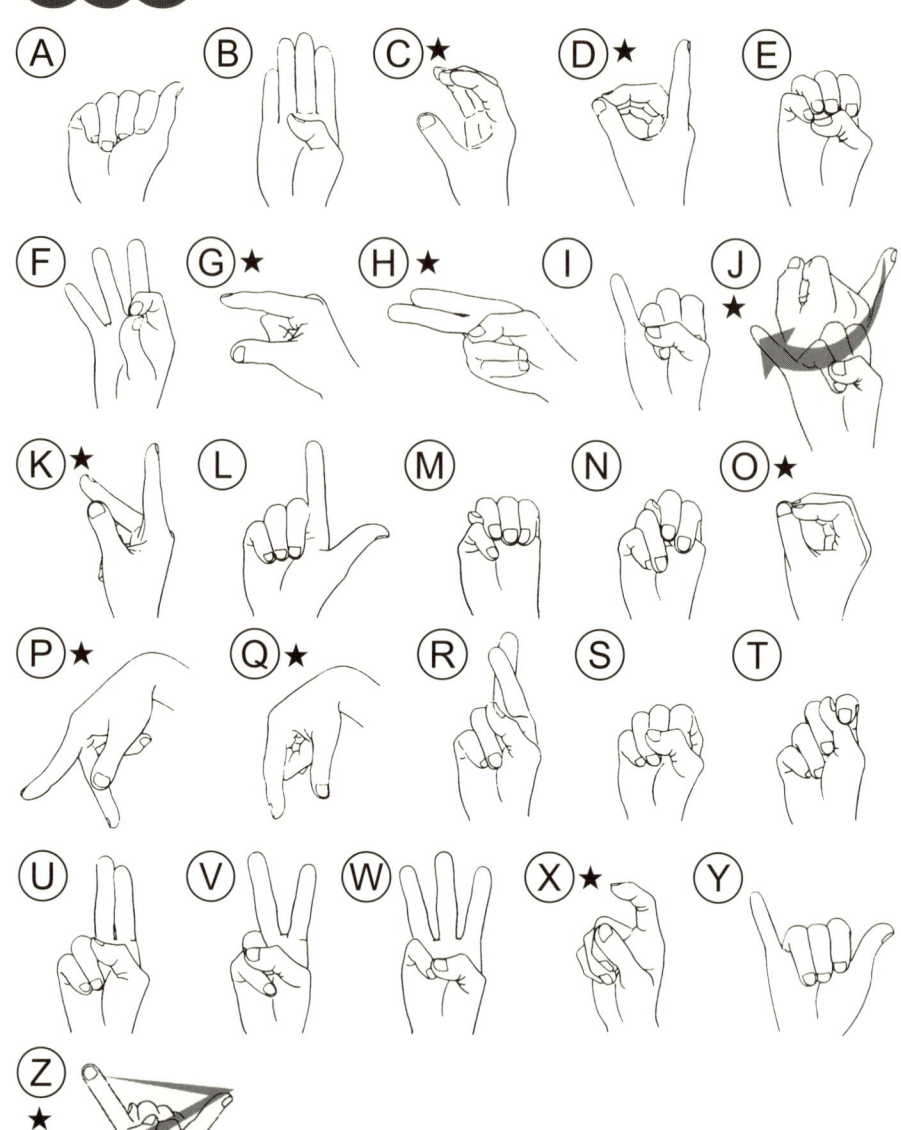

※★マークが付いている指文字は自分から見た形，付いていない指文字は相手から見た形を表します。

（イラスト作成：土谷洋三）

索引

◆数　字

1	43,47
2	43,47
3	47
4	47
5	47
6	77
7	77
8	77
9	77
10	77
11	77
12	77
13	150
14	150
15	150
16	150
17	150
18	150
19	150
20	150
21	150
22	150
23	150
24	150
25	150
30	150
50	150
100	150
1000	150
5：00（TIME-5）	74
7：00（TIME-7）	73
8：00（TIME-8）	73
10：00（TIME-10）	123

◆あ　行

愛する（LOVE）　61
会う（MEET）　15,123
青い（BLUE）　113
赤（RED）　117
赤ちゃん（BABY）　46
灯りを消す（TURN-OFF-LIGHT）　103
明るい（BRIGHT）　102
秋（AUTUMN／FALL）　149
あげる（GIVE）　109
　（私が）（あなたに）あげる(I-GIVE-YOU)　109
朝（MORNING）　28,123
味わう（TASTE）　83
明日（TOMORROW）　94
あそこ（THERE）　51,102
遊びに行く（VISIT）　97
遊ぶ（PLAY）　135
頭がいい（SMART）　116
暑い／熱い（HOT）　100
あとで（LATER）　30
あなた（YOU）　13,15,20,22,23,24,28,29,42,
　　44,53,58,59,66,72,86,103,106,114,126,
　　128,132,133,135,144
あなた自身（YOUR-SELF）　95
あなたたち（YOU）　17
あなたの（YOUR）　38,92
兄（BROTHER）　42,43,44,45
姉（SISTER）　42,43,44,45
甘い（SWEET）　87
アメリカ（AMERICA）　38
洗う→皿を洗う／洗濯機で洗う

ありがとう（THANK-YOU）　30,52,102,127
ある（HAVE）　42,106,107
歩く（WALK）　56
いいえ（NO）　22,88
いいですよ（O-K）　101
言う（TELL）　129
イギリス（ENGLAND）　63
いくつ（HOW-MANY）　44
いくらかの（A-FEW）　47
行く（GO-THERE）　52
行こう（COME-ON）　75
医師（DOCTOR）　69,138
椅子（CHAIR）　104
以前（BEFORE）　96
忙しい（BUSY）　126
急ぐ（HURRY）　104
痛み→胸の痛み
１度も〜ない（NEVER）　148
いつ（WHEN）　121
一緒に（TOGETHER／WITH）　76
犬（DOG）　130
今（NOW）　74,80,109,140
妹（SISTER）　42,43,44,45
動かす（MOVE-TO）　55
内気な（SHY）　116
美しい（BEAUTIFUL）　116
売る（SELL）　50
うれしい（HAPPY）　26,109,127
運転する（DRIVE）　56,92
運動する（EXERCISE）　132,134
絵（PICTURE）　110
映画（MOVIE）　75
英語（ENGLISH）　63
選ぶ（CHOOSE）　129
得る（GET）　93
絵を描く（DRAW）　62
演劇（PLAY／THEATER）　76
エンジニア（ENGINE-ER）　67

多くの（MANY）　47
怒る（MAD／ANGRY）　26
教える（TEACH）　62
おしゃべり（CHAT）　76
夫（HUSBAND）　37,92
弟（BROTHER）　42,43,44,45
同じ（SAME／TOO）　16
お大事に（TAKE-CARE）　29
おはよう（GOOD-MORNING）　28
おやすみなさい（GOOD-NIGHT）　31
泳ぐ（SWIM）　95
終わる（FINISH）　144

◆か　行

会社（C-O）　68
快復（RECOVER）　142
買い物をする（GO-SHOPPING）　97
買う（BUY）　97
書く（WRITE）　104
学生（STUDENT）　20,21,23
風邪（HEAD-COLD）　142
家族（FAMILY）　46
学校（SCHOOL）　58
悲しい（SAD）　26
カナダ（CANADA）　145
彼女（SHE／HER）　17,34,35
彼女の（HER）　38
かまわない（DON'T-MIND）　103
紙（PAPER）　110
カメラマン（PHOTOGRAPH-ER）　69
火曜日（TUESDAY）　124
から（FROM）　35,36
カリフォルニア（CALIFORNIA）　36
借りる（BORROW）　108
彼（HE／HIM）　17,93,112
彼の（HIS）　38
彼ら（THEY／THEM）　17,41
彼らの（THEIR）　38

索 引

看護師（NURSE） 69
感じる（FEEL） 139,140,141
簡単（EASY） 68
黄色（YELLOW） 117
聞こえる（HEARING） 24,25
寄宿制ろう学校（RESIDENTIAL-SCHOOL） 62
起床する（GET-UP） 72,73
汚い（DIRTY） 129
昨日（YESTERDAY） 96
休暇（VACATION） 148
休息（REST） 142
牛肉（BEEF） 84
牛乳（MILK） 89
休養（REST） 142
今日（TODAY） 96
教会（CHURCH） 55
教師（TEACHER） 26
きょうだい（BROTHER／SISTER） 42
魚類（FISH） 84
きれい（PRETTY） 116
気をつける（TAKE-CARE） 29
金曜日（FRIDAY） 122
空腹（HUNGRY） 81
薬（MEDICINE） 142
薬〈錠剤〉を飲む（TAKE-PILL） 141
クッキー（COOKIE） 89
国（COUNTRY） 148
暗い（DARK） 104
クラス（CLASS） 59,60
グラス（GLASS） 90
来る（COME-HERE） 53
車（CAR） 56,92
黒（BLACK） 88
加わる（JOIN） 120
芸術（ART） 62
月曜日（MONDAY） 124
元気になる（WELL） 142

紅茶（TEA） 86
コーヒー（COFFEE） 86,87
コカコーラ（COKE） 89
小柄な（SMALL） 116
午後（AFTERNOON） 31
腰かける（SIT-DOWN） 104
午前（MORNING） 28,123
コップ（CUP） 90
子どもたち（CHILDREN） 37
好む（PREFER） 88
これ（THIS） 83,108
困難（HARD） 70
こんにちは①（HELLO／HI） 12
こんにちは②（GOOD-AFTERNOON） 31
コンピュータ（COMPUTER） 63
今夜（NOW-NIGHT） 75

◆さ 行

魚（FISH） 84
先ほど（JUST／RECENT） 92,138
砂糖（SUGAR） 87
寒い（COLD） 149
皿を洗う（WASH-DISH） 129
サラダ（SALAD） 84
サンドイッチ（SANDWICH） 82
サンフランシスコ（S-F） 41
幸せ（HAPPY） 26,109,127
時刻（TIME） 72,80
仕事（WORK） 66,67,68
したい（WANT①） 82,87
したい（WANT②） 120
したくない（DON'T-WANT） 124
質問（ASK） 129
失礼します（EXCUSE-ME） 50
しなければならない（MUST） 141
じゃがいも（POTATO） 84
写真（PICTURE） 110
就寝する（GO-TO-BED） 76

手話（SIGN） 59,60,106
少女（GIRL） 37
少年（BOY） 37
小（容量）（SMALL） 90
将来（FUTURE） 96,145
女性（WOMAN） 34
書類（PAPER） 110
知らない（DON'T-KNOW） 115
知る（KNOW） 51,114
白（WHITE） 117
スイッチ（SWITCH） 103
好き（LIKE） 134
スキー（SKI） 97
好きではない（DON'T-LIKE） 136
頭痛（HEADACHE） 142
すでに（ALREADY） 81
すべきである（SHOULD） 135
（スポーツ）をする→する
すみません（EXCUSE-ME） 50
住む（LIVE） 40,41
する（PLAY） 135
する予定／するつもり（WILL） 96,145
清潔な（CLEAN） 128
世界（WORLD） 148
背が高い（TALL） 114
背が低い（SHORT） 116
先週（LAST-WEEK） 124
先生（TEACHER） 26
洗濯機で洗う（WASH-MACHINE） 129
掃除する（CLEAN） 128
そこ（THERE） 51,102
その（ITS） 38
そのとおりです（RIGHT） 133
祖父（GRAND-FATHER） 46
祖母（GRAND-MOTHER） 46
それ（IT） 17,83,108
それら（THEY／THEM） 17
それらの（THEIR） 38

◆た 行

大学①（COLLEGE） 58
大学②（総合大学）（UNIVERSITY） 62
大嫌い（HATE） 62
退屈した（BORED） 74
滞在（STAY） 146
大好き（LOVE） 61
大（容量）（LARGE） 90
多少の（A-FEW） 47
助ける（HELP／HELP-YOU） 126,127
　（私が）（あなたを）助ける（I-HELP-YOU）
　　127
尋ねる（ASK） 129
正しい（RIGHT） 133
正しくない（WRONG） 139
楽しむ（ENJOY） 95
たぶん（MAYBE） 86
食べ物（FOOD） 73,82,93
食べ物を与える（FEED） 130
食べる（EAT） 73,82,93
卵（EGG） 84
ために（FOR） 100
誰（WHO） 34
ダンス（DANCE） 136
男性（MAN） 37,112
地域（AREA） 51
近い（NEAR） 51,103
父親（FATHER） 46
注射（SHOT） 142
昼食（LUNCH-TIME） 80
中（容量）（MEDIUM） 90
調理する（COOK） 84
通訳者（INTERPRET-ER） 69
疲れた（TIRED） 31
月（MONTH） 149
作る（MAKE） 81
妻（WIFE） 37
出かける（GO-OUT） 94

できない（CAN'T） 121,147
できる（CAN） 128
テレビ（T-V） 76
電車（TRAIN） 56
電車で行く（GO-TRAIN） 56
デンマーク（DENMARK） 144
ドア（DOOR） 104
ドアを開ける（OPEN-DOOR） 104
ドアを閉じる（CLOSE-DOOR） 104
トイレ①（BATHROOM） 55
トイレ②（RESTROOM） 55
どう（HOW①） 28,140,146
どう（HOW②） 53
どういたしまして（FINE） 52
どうして（WHAT-FOR） 94
どうしましたか（WRONG） 139
どうぞ（PLEASE） 87,100
遠い（FAR） 56
時々（SOMETIMES） 139
どこ（WHERE） 36,40,50
年（YEAR） 149
年とった（OLD） 112
塗装工（PAINT-ER） 70
どちら（WHICH） 86
友だち（FRIEND） 35
土曜日（SATURDAY） 124
ドラマ（DRAMA／PLAY） 76
鳥（CHICKEN） 84
鶏肉（CHICKEN） 84
とる（TAKE-UP） 59,60

◆な 行

ない（NOT） 22,68,109,134
長い（LONG） 146
なぜ（WHY） 96
夏（SUMMER） 149
何（WHAT） 13,67,72,113
何する（DO-DO） 75

名前（NAME） 12,13,14
何時（TIME-WHAT） 74
憎む（HATE） 62
肉類（MEAT） 84
２週間（2-WEEK） 147
日曜日（SUNDAY） 124
ニューヨーク（NEW-YORK） 38
猫（CAT） 130
のどが渇く（THIRSTY） 86
飲み物／飲む（DRINK） 93
乗る（RIDE） 54

◆は 行

はい（YES） 21,24,25,43,58,60,66,83,107,
　　　114,127,
走る（RUN①） 133
走る（RUN②） 136
バス（B-U-S） 54
バスケットボール（BASKETBALL） 135
働く（WORK） 66,67,68
花（FLOWER） 110
話す（TELL） 129
母親（MOTHER） 46
春（SPRING） 145
バレーボール（VOLLEYBALL） 136
ビール（BEER） 89
飛行機（AIRPLANE） 145
飛行機で飛ぶ（FLY） 145
美術（ART） 62
引っ越す（MOVE-TO） 55
必要とする（NEED） 109,126
ひとつもない（NONE） 45
病院（HOSPITAL） 55
病気（SICK） 31
服（CLOTHES） 113
フットボール〈米〉（FOOTBALL） 136
太っている（FAT） 116
冬（WINTER） 149

フランス（FRANCE） 63
フランス語（FRENCH） 63
触れる（TOUCH） 144
部屋（ROOM） 128
ペン（PEN） 104
勉強（STUDY） 61
訪問（VISIT） 97
ボウリング（BOWL） 120
ほしい（WANT①） 82,87
ほしい（WANT②） 120
細い（THIN） 114
本（BOOK） 50,106,108
本当（REAL） 134

◆ま　行
まあまあ（SO-SO） 29
毎朝（EVERY-MORNING） 72
毎週（WEELKY） 120
毎週水曜日（EVERY-WEDNESDAY） 121
毎日（EVERYDAY） 133
まだ〜ない（NOT-YET） 145
間違い（WRONG） 139
待つ（WAIT） 147
窓を開ける（OPEN-WINDOW） 101
学ぶ（LEARN） 62
満腹（FULL） 84
水（WATER） 89
店（STORE） 50
見せる（SHOW） 107
　（私が）（あなたに）見せる（I-SHOW-YOU） 107
緑色（GREEN） 117
見る（SEE） 30,75,92,112,138
ミルク（MILK） 89
難しい（HARD） 70
息子（SON） 46
娘（DAUGHTER） 46
胸の痛み（PAIN-IN-CHEST） 139

木曜日（THURSDAY） 124
持つ（HAVE） 42,106,107

◆や　行
野球（BASEBALL） 136
やせている（THIN） 114
有名な（FAMOUS） 112
床（FLOOR） 130
良い①（NICE） 15
良い②（GOOD） 28,83,108,132
良い③（FINE） 29,87,122
溶接工（WELD-ER） 70
ように見える①（LOOK-FACE） 132
ように見える②（LOOK-LIKE） 113
ように見える③（SEEM） 126
ヨーロッパ（EUROPE） 148
良くない（BAD） 31
汚れている（DIRTY） 129
よりよい（BETTER） 141
夜（NIGHT） 31

◆ら　行
来週（NEXT-WEEK） 122
了解です（O-K） 101
両親（MOTHER-FATHER） 40
旅行（TRAVEL） 148
レストラン（RESTAURANT） 51
ろう（DEAF） 23,24
論文（PAPER） 110

◆わ　行
若い（YOUNG） 116
ワシントンDC（WASHINGTON-DC） 38
私（I／ME） 12,14,21,22,23,24,25,29,52,58, 66,73,74,81,100,121,133,138,147
私たち（WE／US） 17,94
私の（MY） 34
悪い（BAD） 31

■著　者

土谷　道子（つちやみちこ）

東京教育大学附属聾学校（現筑波大学附属聴覚特別支援学校）高等部卒業後，ワシントンDCのギャローデット大学に留学。筑波大学附属聾学校（現筑波大学附属聴覚特別支援学校）及び筑波技術短期大学（現筑波技術大学）前非常勤講師。『An English Dictionary of Basic Japanese Signs』（共著），『誇りある生活の場を求めて：アメリカの聾者社会の創設』（翻訳）など。

□イラストレーター

那須　善子（なすよしこ）

栃木県出身。筑波大学附属聾学校高等部専攻科デザイン科卒業。『はじめての手話』（木村晴美・市田泰弘著，日本文芸社，1995年），『大人の手話　子どもの手話』（中野聡子著，明石書店，2002年）他イラストを担当した書籍多数。

しっかり学べるアメリカ手話（ASL）

2009年10月15日　初版第1刷発行
2021年6月25日　　第7刷発行

著　者　　土谷　道子
発行者　　宮下　基幸
発行所　　福村出版株式会社
〒113-0034　東京都文京区湯島2-14-11
電話　03-5812-9702　FAX　03-5812-9705
https://www.fukumura.co.jp
印刷　株式会社文化カラー印刷
製本　協栄製本株式会社

©Michiko Tsuchiya 2009
Printed in Japan
ISBN978-4-571-12109-8
定価はカバーに表示してあります。

福村出版◆好評図書

中野善達・伊東雋祐 著
新 手話を学ぼう 短文篇
◎1,200円　ISBN978-4-571-12079-4　C1037

日常生活での具体的な会話文を主体に構成し、手話の形を簡潔な絵で示し、わかりやすい文章で解説する。

中野善達・伊東雋祐 著
新 手話を学ぼう 生活篇
◎1,000円　ISBN978-4-571-12080-0　C1037

教育、くらしを中心に、抽象的表現を表す手話を収録する。見やすいイラストに手の動きを平易に解説する。

中野善達・伊東雋祐 著
新 手話を学ぼう 社会篇
◎1,200円　ISBN978-4-571-12081-7　C1037

医療、スポーツ、経済に関する手話を収録し、慣用句の手話表現や長い文の手話表現についても解説する。

藤野信行 著／長野雅男 手話助言／東樹美智子 絵
手話で歌おう PART 2
●手あそびの世界
◎1,600円　ISBN978-4-571-12077-0　C1037

子どもたちの好きな曲をわかりやすい手話で表現。幼稚園や保育所のお遊戯に手話を取り入れてみてください。

神田和幸 編著
基礎から学ぶ手話学
◎2,300円　ISBN978-4-571-12106-7　C3037

手話の特性や文法、学習方法のあり方、聴覚障害者の現状などを最新の知見に基づき解説。手話学習者必読の書。

神田和幸 著
手話の言語的特性に関する研究
●手話電子化辞書のアーキテクチャ
◎7,500円　ISBN978-4-571-12111-1　C3037

手話の文法構造などの言語学的研究成果を詳説。工学的応用として手話電子化辞書のアーキテクチャ等を示す。

草薙進郎・齋藤友介 著
アメリカ聴覚障害教育におけるコミュニケーション動向
◎5,400円　ISBN978-4-571-12112-8　C3037

1990年代中頃からの米国聴覚障害教育におけるコミュニケーション方法の動向を様々な視点から解明する。

◎価格は本体価格です。